사르비아 총서 · 112

윤용하 일대기

박화목 지음

범우사

국립중앙도서관 출판시도서목록(CIP)

윤용하 일대기 / 박화목 지음. -- 2판. -- 파주 : 범우사,
2005
　p. ;　　cm. -- (사르비아 총서 ; 112)

ISBN 89-08-03332-7 04990 : ₩6000
ISBN 89-08-03202-9(세트)

670.99-KDC4
780.92-DDC21　　　　　　　　　　CIP2005002676

차례

프롤로그 ─ 윤용하와 나 · 5
첫 해후/피난지에서 다시 만나
망향 달래는 '보리밭' / '보리밭' 이 풍기는 것
탁주잔에 인생을 띄워/그가 남기고 간 것

보리밭 사잇길로 · 29

연보 · 234

□ 프롤로그

오선지 위에 승화된 페이소스
〈보리밭〉 작곡가 윤용하와 나

어느 날 저녁, 텔레비전 수상기 브라운관에 '윤용하'란 세 글자의 타이틀이 비쳤다. 〈보리밭〉의 작곡가 윤용하를 회상하는 특집 프로그램이 마련되어 방송되기 시작한 것이다.

작곡가로서의 그의 존재가 사람들의 기억 속에 석양녘의 그림자처럼 희미해져 가는가 싶던 그 무렵이었다.

아니, 그라는 인간을 결코 잊을 수 없는 몇 친구들도, 어쩌다가 조촐한 주점에서 탁주잔이나 기울이게 될 때에야 윤용하 생각이 떠오르게 되고, 또 막걸리 안주 삼아 그와 그의 예술이 화제가 되곤 했던 것이다.

그것이 그가 작곡한 〈보리밭〉이 대중의 입에서 입으로 애창되며, 다수의 서민사회 속으로 파문처럼 번져나가기 시작하자 우선 매스컴이 윤용하를 망각이란 창고 속에서 끄집어 낸 것이다. 그날 저녁 텔레비전 방송 프로그램이 바로 그 외도로서 제작된 하나의 프로그램이었을 것이다.

하여튼 텔레비전을 마주하고 앉아 있던 나로 하여금 가슴을 뭉클하게 하는 어떤 영상들이 방영되기 시작한 것이었다.

어느 뜻있는 카메라 기자가 포착했을 그 영상들 뒤꼍에서 세상을 비꼬는 듯한 웃음을 크게 웃는 윤용하의 얼굴이 화면 가득히 클로즈업되는 것 같았다. 그리고 오디오의 내레이션이 어쩌면 그의 텁텁한 음성으로 확성되는 것만 같았다.

문득 나의 귓가에는 이런 뜻의 말소리로 들려지는 것이었다.

"〈보리밭〉 그 노래가 뭐 어쨌다는 거야? 보리밭이 좀 불려지니까 내가 생각되는 거냐 말이야? 내가 빼빼 말라 죽어갈 때에는 눈깔 하나 거들떠보지 않더니…… 으하하하……."

그의 얼굴은 사라지고 목소리도 떨어졌다. 그러나 그의 꾸짖음은 좀처럼 내 마음속에서 떠나지가 않았다.

실상 그의 꾸지람이 옳았다.

지금 TV방송에서 방영하는 이 프로그램의 인서트 필름도 최근에 찍은 것들이었다. 그러니까 그가 살다가 허전하게 죽어간, 거의 허물어져가는 한 칸 방의 판잣집이며 그 집 주변을 촬영한 것들뿐이다. 그가 살아 있어서 움직이고 있는 영상이 비칠 수가 없다. 누구 하나 필름에 담아두지 못했으니까 말이다.

어쩌다가 친구와 같이 찍은 값싼 카메라의 흑백사진이, 그것도 퇴색한 채로 스틸로서 보여줄 따름이었다.

그가 살고 있던 가난에 쪼그라진 판잣집을 윤용하 대신 보여준 것이, 혹시 잘한 일이었을지 모른다.

왜 그러냐하면, 실상 윤용하의 현실 생활이며 그의 육체는 저 쪼그라진 판잣집이나 다름없었기 때문이다.

그 판잣집에서 살다가 너무너무 허전하게 죽은 그 윤용하가 작곡한 〈보리밭〉이었기에 서민의 애상을 호젓한 꿈으로 승화시킨 아름다운 가곡이 될 수 있는 것이며, 또 오늘 이토록 많이 불려지고, 심금을 울려 주는 서민의 가곡이 될 수 있었던 것이 아닌가 생각된다.

제대로 괜찮게 돈푼이나 벌어 살며 또 음악계에서도 존경과 융숭한 대접을 받는 작곡가가 〈보리밭〉을 작곡했었다면, 아마 오늘의 〈보리밭〉이 결코 될 수 없었을 것이라는 나의 생각이다.

청빈을 슬퍼하지 않고, 세상의 괄시를 탓하지도 않으며, 부조리한 현실을 한 잔 탁주에 섞어 마시고 마는 그런 윤용하의 맘속으로는 뼈저리게 울고 있는 정감이 고고한 영혼의 채에 걸러 나온 음정과 선율이었기에, 오늘 서민사회 다수의 애창곡이 된 〈보리밭〉이 되었을 것이다.

어느 시인은 가곡 〈보리밭〉이 한국이 낳은 세계의 명곡으로서, 또한 고전으로서 역사 속에 길이 남아갈 것이라는 말을 하였다.

나는 이 말이 과찬한 것은 아니라고 본다. 명곡이란 아주

평범한 한 서민에 의해서 서민사회 속에 깊숙이 공감을 일으키는 가운데서 이뤄지는 것이라고 생각되기 때문이다.

그러므로 이 〈보리밭〉이 나와 윤용하 사이에 어떻게 잉태되었을까 더듬어보는 것도 미상불 뜻있는 일일 수 있는 것이다.

첫 해후

1947년 초여름.

그 당시 나는 공보처 서울방송국(오늘의 대한민국 중앙방송)의 말단 프로듀서로서, 시 낭송, 소설 낭독 등 그런 약간의 문예물 방송프로그램을 맡고 있었다.

어느 날 허술한 옷차림의 시골 청년 하나가 방송국에 찾아와 나에게도 소개되었다. 나보다 나이가 한두 살 위의 연배로 보이는 청년이었다.

말을 약간 더듬는 듯하며 수줍어하는 태도가

'처세에 무척 서툴겠군.'

하는 인상을 풍겨 주었다.

그를 소개하는 동료 직원의 부연인 즉 "해방 후 용정龍井에서 귀국해 강원도 어디엔가 있다가 상경했는데, 서울서 작곡활동을 하고 싶다"는 것이었다.

'해방이 되었으니, 이제는 우리 가곡을 싫도록 지어야겠어요.'
하고 창작 의욕에 불타는 듯 그의 두 눈은 빛나고 있었다.

볕에 그을렸는지 약간 거무칙칙한 얼굴이었으나, 그의 두 눈은 다른 사람의 눈길을 끌만큼 크고 검은 눈동자가 서글서글한 것이 여느 사람과 좀 다르구나 하는 생각을 내가 하고 있는데, 그는 공손히

"시를 쓰시는 박 선생을 만나 뵙게 되어서…… 앞으로 많은 도움을 받아가겠습니다."
하고 말하는 것이었다.

퍽이나 겸양스런 말이었다.

그때 나는 약관(弱冠)이었으나 시를 쓴답시고 분수없이 우쭐거렸던 것이다.

그런 것이 나보다 한두 살 위에 연배인 듯한 그가 사뭇 정중하게 겸양의 말을 건네는 터에 나는 그저 당황하면서

"잘 해 보십시다."
하고 멋쩍게 대답했을 뿐이었다.

방송국에 찾아온 그 시골 청년 작곡가가 다름 아닌 윤용하였고, 그와 나의 첫 면접은 그저 이렇게 이루어진 것이었다.

그는 나에게 작곡을 위한 시를 지어달라는 청탁도 하였다.

그 무렵, 방송국에서는 새 가곡 보급을 위한 프로그램을 세우고 한창 그 운동을 벌이고 있었다. 그 일에 내가 주역을

맡고 있었으므로, 응당 윤용하의 작곡 활동에는 내가 도움이 될 수가 있었을 것이었다.

가곡이 될 수 있는 시를 시인에게 청탁하여 그것을 작곡가에게 나눠 주어서 작곡을 의뢰하곤 하였다.

그리고 작곡이 된 새 가곡을 방송을 통해 널리 보급하고자 하였다.

그 당시의 그 프로젝트가 얼마만큼 성과를 거두었는지는 차치하고서라도 새 가곡운동의 효시가 되었다는 사실을 아는 사람은 알고 있을 것이다.

또한 윤용하에게 몇 편의 작곡이 의뢰되었는지 지금 거의 분명치가 않다. 그러나 적지 않은 작곡이었을 것으로 생각되는 것이다.

그리고 윤용하의 작곡이 당시 방송에 크게 도움을 준 것도 누구나 부정할 수 없는 것이다.

그만큼 그때에는 자주 방송국에 드나들었다. 아니, 그의 해방 후 서울에서의 작곡 활동이 방송을 중심으로 펼쳐졌다고 해도 과언은 아닐 것이다.

'네가 조국을 모른다니, 이게 될 말이랴……' 이런 구절로 시작되는 〈민족의 노래〉며 〈광복절의 노래〉 등 우수한 국민가곡을 지은 것도 이 무렵인 것이다.

그가 받은 첫 작곡료를 가지고, 명동 입구에 있는 태극 그릴에서 양식에다 맥주를 함께 먹으면서 흐뭇한 대화를 나누던 일이 지금도 선하게 떠오른다.

 윤용하와 나는 크리스마스나 신년 같은 특집 뮤지컬 프로그램을 여러 번 방송했으나, 불행히 그 가사며 곡보曲譜는 방송국에서 보관하고 있다가 6·25 동란 때 몽땅 잃어버리고 만 것 같다.

 또한 오페라 〈견우직녀〉(3막 4장)를 계획하고 작사며 작곡을 시작한 것도 그 무렵의 일이었다.

 작시作詩는 그럭저럭 완고를 했으나, 작곡은 2막까지만 마치고 끝내 미완성이 되고 말았다.

 1950년 2월, 나는 방송국을 그만두게 되었다. 그 까닭으로 부산 피난길에서 재회할 때까지 그동안 그와 내가 어떻게 지내는지 서로 모르며 지낸 그런 세월들이 흘렀다.

 피난지에서 다시 만나

 앞 장에서 윤용하를,
 '강원도에서 온 시골 청년 작곡가…….'
라고 소개받았다는 말을 했지만, 그가 강원도 태생이거나 강원도에서 오랫동안 살아왔다는 그런 뜻이 아니었음을, 훗날에야 알게 되었다.

 윤용하는 황해도 태생이고, 해방 전까지는 만주의 신경新

京, 봉천奉天, 용정龍井 등지에서 방랑하며 살아왔다.

그 경우는 나와 비슷한 데가 있었다. 나는 신경서는 지낸 일이 없지만 하얼빈과 봉천에서는 1, 2년씩 살았었기 때문이다.

윤용하가 황해도에서 태어났으나, 보통학교를 봉천에서 마친 것을 보면, 그의 청소년 시절을 거의 만주에서 지냈음을 미루어 알 수가 있다.

그런만큼 조국에 대한 사랑이 투철했다.

신경에서 살고 있을 때는 조선합창단을 조직해서 우리 노래를 줄곧 부르곤 하여 일제 경찰에게 위험인물로 주목받았던 일도 있다고 전해오고 있다.

해방 후 귀국하여 월남해서 서울에 오기까지 아마 잠시 동안 함흥의 영생여자고등학교에서 음악 교사를 지낸 것이 아닌가 생각되어진다.

그런데 어째서 강원도에서 왔다는 것으로 그때 그렇게 알게 되었는지 잘 모를 일이다.

추측컨대 이북 함흥에서 있다가 월남하여, 아마 며칠 동안 강원도에서 지냈을 법도 한 일이다.

6·25 당시 강원도 홍주 땅에 피신을 했던 사실로 미루어 그렇게 생각해 볼 수도 있다. 피신해 있으면서, 국군이 반드시 이기고 돌아오리라는 신념 아래, '개선'이란 표제의 교향곡을 작곡하기도 하였다.

그러다가 1951년 1·4후퇴시에 나는 윤용하를 피난의 항도 부산에서 다시 만나게 되었던 것이다.

'밀다원蜜茶園'— 무슨 과수원의 이름이 아니다. 평범한 다실의 이름이다. 그리고 이 이름은 우리들 예술인들의 피난시절 추억의 근거지인 것이다. 부산 남포동 모퉁이에 자리잡고 있던 '밀다원'에서 울적한 심정을 헤칠 길 없던 예술인들은 하루에도 몇 차례씩 만나서 피차 위로의 회화를 가지곤 하였다.

자주 다니던 또 다른 다방도 없던 것은 아니었으나, 그러나 오늘도 추억에 생생하게 남는 것은 '밀다원'이다.

그 달콤한 이름과는 달리 울적하고 쓰라린 세월들이 지나는 동안, 우리들의 안식처였던 것이다.

내가 작곡가인 윤용하와 자주 만난 것도 밀다원이었다.

그 시절에 나는 종군작가라는 신분증 하나만 지니고 있을 뿐 수입이 별로 없었다. 무척 궁색한 처지였다. 그때 윤용하가 어느 음악 출판사 주인을 내게 소개해 주었다.

그 출판사에서 세계 명가곡집을 우리말로 번역 출판하려는데, 가사를 번역할 수 있는 시인을 찾고 있다는 것이었다.

"아, 이 박 선생은 시인이면서 음악에도 조예가 깊죠, 음악을 아는 시인이란 말입니다."

하고 그는 나를 극구 추켜올리면서 나를 소개했던 것이다.

물론 그 일감은 나에게 떨어졌다. 두툼한 가곡집 한 권을 거의 다 혼자서 번역한 셈이다.

듬뿍한 고료를 받았다. 그 덕택에 얼마 동안 점심을 서울

그릴에서 먹는 사치를 누릴 수가 있었다.

저녁때는 거의 매일 그와 만나 막걸리를 먹었다.

주기酒氣가 오르지 않으면 피난길의 외로운 나그네 생활을 달랠 수가 없었기 때문이었는지 모른다.

다른 아동문학가며, 시인들과도 시시로 어울렸다.

특히 윤용하가 아동문학가들과 사귀기를 좋아한 것을 보면, 그의 맘속에 동심세계가 항상 깃들어 있음을 느낄 수가 있었다.

그가 많은 가곡을 작곡하면서 또 한편 많은 동요곡을 지은 것으로 봐서 더욱 그의 어린애 같은 성품을 알 수가 있는 것이다.

부산에서 암울한 날과 날을 지내던 어느 날, 대포잔을 연거푸 두 잔을 들이켠 그는 정색을 하면서,

"박 형! 우리 이러구만 허송세월할 것이 아닐세. 아무리 피난살이지만 보람있는 일을 해야 할 것이 아니겠나?"
하고 사뭇 엄숙한 말을 꺼내는 것이었다.

나는 그의 얼굴을 쳐다보았다.

벌겋게 주기가 오르기 시작한 그의 얼굴이었으나, 두 눈은 이상하리만큼 빛나고 있었다.

'윤용하가 진실을 얘기하고 싶어하는 것이다.'
하고 나는 생각하면서 그의 다음 말을 재촉하였다.

망향望鄕 달래는 〈보리밭〉

"박 형! 우리 이러고만 있을 게 아니라 가곡을 만드세, 후세에 남길 수 있는 훌륭한 것으로 말야……."
하고 윤용하는 말을 이었다.

술만 들어가면, 그는 자신이 천재적인 작곡가라고 자부하는, 아니 자인하고 싶어하는 성향이 있음을 나는 잘 알고 있는 터였다.

그러나 오늘 이 형편없는 탁주집에서 사뭇 엄숙한 표정으로 말을 꺼내고 있는 그에게서, 정말 천재적인 성분 같은 것이 느껴지는 것 같았다.

그래서 나는 대답도
"윤 형, 옳은 말이야. 좋은 가곡을 만드세. 내가 작시를 할 테니까……."
했던 것이다.

2, 3일 후, 나는 가곡을 위한 한 편의 서정시를 썼다.

보리밭 사잇길로
걸어가면

뉘 부르는 소리 있어
나를 멈춘다.

옛 생각이 외로워
휘파람 불면

고운 노래 귓가에
들려온다.

돌아보면 아무도
뵈이지 않고

저녁노을 빈 하늘만
눈에 차누나.

이런 것이었다.

이 시를 윤용하가 작곡하여 오늘의 〈보리밭〉 가곡이 되었다.

나는 이 짤막한 서정시의 시제詩題를 〈옛생각〉이라고 붙였었다. 그런데 윤용하가 작곡한 악보에는 〈보리밭〉으로 고쳐 씌어 있었다.

아마 〈옛생각〉보다는 〈보리밭〉이라는 시제가 더 좋아서였는지 모른다. 나는 그대로 〈보리밭〉으로 따르기로 했다.

다시 만났을 때, 그는 작곡을 붙인 〈보리밭〉을 내게 보였다.

나는 말을 붙여서 불러봤다.

"박 형! 음악 실력이 보통이 아니야. 즉석에서 부르잖아!"

하고 그의 작곡을 부르는 나를, 그는 아이처럼 마냥 좋아하였다.

그도 따라 불렀다.

얼큰히 취기가 도는 분위기라서, 우리는 무슨 축제의 기분이었다.

두어 차례 〈보리밭〉을 부르고 난 뒤 내가

"윤 형! 작곡이 어째 썩 좋은 것 같지가 않아."

하고 말하였다.

윤은 그저 벙글벙글 웃으며,

"그래?" 할 뿐이었다.

〈보리밭〉 작곡에 대한 나의 첫 코멘트는 바로 이것이었다.

훌륭한 작품을 대했을 때에는 그 훌륭함이 얼른 깨달아지는 것이 아닌 성싶었다. 두고두고 발견되는 것이었다.

바로 이 〈보리밭〉 작곡의 경우가 그것이었다.

오늘날 그가 작곡한 〈보리밭〉이 방방곡곡에 메아리 칠 줄 누가 알았으랴.

'〈보리밭〉은 부를수록 또 부르고 싶은 맘이 난다.'

어느 음악 평론가의 말이다.

〈보리밭〉을 내가 작시하고 윤이 작곡한 것이 1951년 가을이라 생각되는데, 그로부터 거의 수십 년이 지난 오늘, 백만 인의 가곡으로서 널리 불리어지게 된 것이다.

〈보리밭〉 외에도 〈도라지꽃〉 등 두세 편의 가곡과, 동요를 몇 편 만들었으나, 처음의 결심과는 달리 많은 창작 가곡을 남기지는 못하였다.

〈보리밭〉이 풍기는 것

〈보리밭〉의 노래는 일종의 서정 소곡이랄 수 있다. 내가 그 가사를 시로 적어서 책으로 낼 때에는 동시집에 수록하였으나, 발상인즉 소곡이라 해도 좋을 짧은 서정시에 가까운 작품이었다.

이 시작품의 의도인즉, 우리 마음속에 깃들어 있는 조용한 정서를 일깨울 수 있어서도 좋고, 또 먼 훗날의 아름다운 꿈(理想)에의 그리움 같은 것이라고 해도 좋았다.

하여튼 내가 〈보리밭〉이란 시를 짓고 윤용하가 그 시에다 곡을 붙였을 그 당시에는 6·25동란이란 민족상잔의 비극 속에서도 우리는 동요되지 말고 오늘날의 꿈을 키우며 살자는 애틋한 생각들이 있었다.

〈보리밭, 그 추억의 길목에서〉란 수필 속에, 나는 〈보리밭〉에 대해 이렇게 써보았다.

"〈보리밭〉이 뜻하는 것이 뭐냐?"

"〈보리밭〉의 시정신이 뭐냐?"

이렇게 물어오는 사람들이 많았기 때문이었다.

무릇 어떤 시이건 시에 대한 해설은 저마다 다를 수가 있고, 또 시가 전하고자 하는 뜻을 저마다 달리 받아들일 수도 있을 것이다.

그러나 〈보리밭〉의 경우, 모든 사람에게 한결같이 받아들여지는 하나의 공통된 기분은, 그 시가 내포하고 있는 애수성이 아닌가 생각된다.

〈보리밭〉을 읽거나 또는 가곡으로 들을 때, 어딘지 모르게 짙은 애수 같은 감정을 공감하게 된다는 것이다.

그런데 그 애수가 약간 허무감을 띤 것 같으면서도 무척 아름답게 느껴진다는 것이다.

실상 내가 〈보리밭〉을 작시할 때, 보리밭으로 우리 민족의 토착적인 애수를 암유暗喩해 보고 싶었던 것이다.

내딴에는 보리밭에서 오는 이미지가 그런 것이 아닐까 생각해 본 것이고, 또 이 민족의 애수를 동양적인 정관과 연결시켜 보았던 것이다.

메커니즘에 희생당할지도 모르는 오늘의 인류의 위기를, 이 조용한 애수로써 구제할 수 있지 않을까 하는 애틋한 나의 생각이었다.

그리고 나는 이 민족적인 애수를 그리스도 정신의 도입으로 승화시켜 보고자 한 것이다.

이러한 정신이 시작품 바탕에 깔려 있다고 하면 얼른 이해가 안 갈는지 모르나, 하여튼 이상을 추구하다 지쳐 있는 우리 마음속에 허무와 애수가 저녁놀처럼 승화되어 곱게 번져 가고 있음을 〈보리밭〉을 통해 어딘지 모르게 느낄 수가 있을 것이다.

그것이 곧 구원에의 문으로 향하는 통로일 수 있다고 나는 믿고 싶은 것이다.

어느 날 우연한 자리에서, 두 여대생이 시 한 구절을 가지고 열심히 토론하는 회화를 무심코 들었다.

너무 진지하게 토론하기 때문에 나도 모르게 귀를 기울였던 것이다.

그 시 한 구절이란, 바로 〈보리밭〉의 맨 끝 연(聯)인

'저녁놀 / 비인 하늘만 / 눈에 차누나'의 '저녁놀'과 '비인 하늘'이 무슨 뜻으로 쓰였느냐에 관해서였다.

저녁놀이 물든 빈 하늘(虛空)이란 뜻이냐, 아니면 저녁놀이 비어 있는 하늘이란 뜻이냐, 이와 같은 해석의 대립이었다.

두 여대생은 저마다 자기의 해석이 맞다는 이야긴데, 결국 결론을 맺기가 어려우니까, 그 시를 지은 본인에게 물어봐야 판단을 내릴 수 있다는 이야기였다.

그 옆자리에 묵묵히 앉아 있던 나는 고소를 금치 못했지만, 은근히 두렵기도 하였다.

아닌게 아니라, 나도 어떤 해석을 내릴 것인가 선뜻 생각이 떠오르지 않았기 때문이었다.

그러나 내가 이 시를 지을 그 당시의 작의(作意)를 피력하라

면, 이 시구를 쓴 것은 우리(人生)가 이상을 안타까이 추구하지만, 그 이상세계에 도달한다는 것이 현실세계에서는 이루어지지 않는다는, 그리스도 사상의 바탕에서였다.

그런데 한 가지 재미있는 사실은 내가 처음 〈보리밭〉을 썼을 때는 '비인 하늘'을 '뷘 하늘'로 표기한 점이다. 물론 오기誤記라고 생각될 수 있을지도 모르나, '비다, 비어 있다'라는 객관적인 형용의 의미에서보다 '비우다, 비우었다'는 주관적 의미로 당착어법적撞着語法的인 표현을 해보고 싶었던 것이다. 그 결과가 '뷘'이 되어버렸는데, 결국인즉 오기의 과실은 면치 못한 셈이다.

그래서 오늘은 '비인'으로 자연스럽게 표기하기로 하였다.

탁주잔에 인생을 띄워

윤용하 시 〈보리밭〉을 처음 받아 읽은 후, 그의 코멘트는
'이 시가 마음에 든다.'
는 한 마디 말이었다. 시가 마음에 드니까 작곡하고 싶다는 이야기였던 모양이다.

그는 어느 면으로 사뭇 과묵한 편이면서도, 술만 들어가면 친구와 이야기하길 무척 좋아했다. 그 점으로 미루어, 그가 퍽 감정이 섬세한, 그리고 다분히 내성적인 사람이었던 것으

로 생각할 수 있다.

또한 윤이 평소에 여느 작곡가보다도 시인이며 아동문학가들과 사귀면서 지낸 것을 보더라도, 그의 내면적 성격이 다정다감하며 동심적動心的이었음을 알 수가 있다.

〈보리밭〉의 시가 그의 기분에 맞았다는 이야기가 그의 성품의 이러한 점을 애증해 주는 것이라고 할 것이다.

현실의 부조리가 도대체 비위에 맞지 않아서 그랬는지, 아니면 현실의 줄을 타는 곡예를 할 줄 몰라서였는지, 그는 항상 현실과는 버성겨 사는 인간이었던 것이다.

그러므로 윤용하의 육신생활이란 가난의 표본이랄 수 있을 정도였다.

딸 하나와 아들 하나, 두 남매를 두었으나 그 두 남매의 중학교 학비도 못 대는 너무너무 찌들은 가난이었다.

이러한 가난으로 인해서 가정이 풍비박산의 역경을 당했으리란 것은 너무나 당연한 일이었다.

그러나 윤은 가난을 슬퍼하지도 원망하지도 않는 것이었다. 그는 가난을 달관이나 한 듯이 덤덤할 뿐이었다.

주위의 친구들이 손쉽게 돈벌이가 될 수 있는 대중음악의 일거리를 얻어다 줘도 그는 거들떠보지도 않았다.

"내가 예술의 순수를 생명으로 지키며 살아왔는데, 가난하다고 그것을 버리란 말이야? 죽는 것보담 못한 짓이야."

아무리 가난해서, 그야말로 굶어죽는 지경에 이르러도, 그의 곧은 뜻을 굽히려 하지 않았다.

윤용하가 살아가는 일, 이른바 살림에 대한 걱정을 했는지 안 했는지 그 사실을 잘 알 수는 없으나, 그가 탁주값이 떨어졌다고 걱정하는 것은 수없이 보아왔다.

그는 술 마시기를 좋아했다. 항상 주기가 거나하게 돌고 있지 않았나 생각될 정도였다. 그러니까 사실인즉 애주가 아니라 탐주耽酒요 광주狂酒였던 셈이다.

그가 탁주를 들이켜는 것은 실상은 사회의 모순과 현실의 부조리를 자신의 헐어빠진 위낭胃囊 속에 집어넣기 위해서였다.

그가 탁주잔을 부들부들 떠는 손으로 움켜잡고 검푸른 입술에다 가져다 대는 것은 실상인즉 자신의 순수가 용납되지 않는 이 썩어빠진 세상에 대한 항거였던 것이다.

누구는 윤이 탁주를 분수없이 마시다가 그 탁주의 독기 때문에 죽은 것을 '윤의 자학적이며 현실에 대한 피해의식 때문……'이며, 이것에서 도피하려는 몸부림이었다고 말하기도 한다. 그 말에도 일리가 있으나 반드시 그랬던 것만은 아니었다고 생각되는 것이다.

가난과 역경에 쫓기던 그는, 1965년 5월 초순, 마침내 기진맥진하여 길바닥에 쓰러졌다.

그의 인생행로는 종착終着에 가까웠던 것이다. 윤은 그 후 3개월 간 병석에 누워 병고에 시달렸다.

그러나 아무에게도 이 사실을 알리려 하지 않았다. 남의 속된 동정 따위를 받으려 하지 않았던 것이다.

그러다가 노기남盧基南 주교의 주선으로 성모병원으로 실려 간 것이 7월의 일이었다고 한다. 그때, 16살이던 따님 윤은희 양이 병상에 매달려

"제발 아빠를 살려 주세요!"

하고 애타게 부르짖었으나, 검진을 끝낸 의사는

"너무 늦었다."

한 마디 말만 하고 병실을 나가더라는 것이었다.

7월 23일, 그는 간장염이란 병명으로 한 많은 이 세상을 떠났다. 아니, 저 불출세不出世의 작곡가 윤용하 그가 이상理 想하던 나라, 하늘나라로 떠나간 것이었다.

그가 남기고 간 것

윤용하는 〈보리밭〉이라는 서정시에 아름다운 곡을 붙여 놓고서는 그 가곡이 주는 이미지와는 달리 너무 허무하게 죽 어 갔다. 그의 죽음은 이루 말할 수 없는 비참, 그것이었다.

'예술가는 평생 가난하게 살다가 쓸쓸하게 죽어야 한다' 는 말이 무슨 진리인 것처럼 전해오고 있지만, 그러나 아무 리 그렇다 해도 이럴 수가 있느냐는 것이다.

언필칭, 그가 탁주를 (그가 죽기 전에는 깡소주를) 마구 마셨기 때문에 간이 나빠져서 죽었다는 이야기들이다. 그러나 왜 그가 탁주를 마실 수밖에 없었느냐는 심리적 동태를 분석해 봐야 할 것이 아닌가 하는 생각이 드는 것이다.

술을 절제 없이 마신다는 것은 수명을 단축시키는 것임을 누구나 알고 있다.

그런데도 오늘을 사는 예술가들은 탁주잔을 기울이지 않고는 못 배긴다는 것이다. 결국 그것은 빨리 죽자는, 다분히 염세적이고 자학적인 이야기밖에 안 되는 것이다.

예술가들의 의식구조 속에 왜 염세적인 요소가 뿌리를 내리게끔 되었느냐는 심각한 문제일 수밖에 없다.

예술은 한 나라의 정신적인 지주가 된다. 그러함에도 불구하고 예술과 문화를 창조하는 예술가 자신이, 인생을 부정하는 그 부정적인 측면에서 예술 활동을 해야만 한다는 그 문제점을 오늘 우리는 무엇으로 해결해야만 할 것인가?

그 해결책이 과연 무엇이란 말인가? 나는 오늘 정부의 시책에 그것을 반영시켜 줬으면 하고 바라는 것은 결코 아니다. 다만 우리 생활의식 속에 뿌리박힌 '물질 우위'라는 잘못된 가치를 바로잡아 달라는 말이다.

'물질이 풍요하면 잘 살 수 있다.' 옳은 말이다. 그런데 잘 산다는 개념과 행복하다는 개념은 본질적으로 다를 수 있다. 하물며 '인간답게 생활한다'는 말 속에는 더욱 깊은 뜻이 내

포되고 있는 것이다.

오늘 우리는 — 이 우리라는 말을 예술가를 지적하는 것으로 좁혀 보지만 — 무턱대고 풍족한 여건 아래 생존하고 싶지 않을 것이다. 아니, 가난하지만 인간답게 생활하고 싶은 것이다.

그런데 그 가난이 극한점에 이르러, 그 때문에 예술정신이 자학적으로 되거나 자멸되는 일이 없어야 한다는 것이 나의 생각이다.

오늘, 불후의 명곡이 될 가곡 〈보리밭〉을 작곡한 저 불행했던 윤용하에 관한 기억을 더듬어 보면서, 이러한 예술계의 문제점을 추출해 보는 것은 결코 우연한 일이 아닐 것이다.

오늘 우리는 그가 남긴 가곡 〈보리밭〉이 방방곡곡에 메아리치자, 생전에 그렇게도 가난의 밑바닥에서 살아온 그를 회상하면서 매우 쓸쓸한 감회에 사로잡힐 수밖에 없는 것이다.

그리고 그의 프로필을 더듬어 볼 때 그의 큰 두 눈이며, 세상을 비웃는 듯한 웃음을 입가에 띠우던 그 얼굴이 다시금 클로즈업되어 다가오는 것을 새삼 느끼는 것이다.

그래서 그것이 어쨌다는 것일까?

윤용하의 불행은 윤용하만으로 끝난 것이 결코 아니다. 또한 윤용하의 명곡은 〈보리밭〉으로 마친 것이 아니다.

우리에게는 제 2, 3의 윤용하가 몇 명이든 있을 수 있고, 또 그런 불행을 딛고 꽃피울 찬연한 예술작품이 얼마든지 있을 수가 있는 것이기 때문이다. 윤용하가 살아 있을 때는, 그 자신은 〈고독〉이라는 그의 작품을 좋아했다는 말을 들었다.

그만큼 그는 소외된 자신을 의식하면서, 너절한 사회 풍조에 몸이 더럽혀지는 것을 거부해 왔는지 모른다. 그러나 오늘 윤용하는 결코 외롭지 않은 것이다.

〈보리밭〉의 가락 속에 그의 따뜻한 입김이 오늘 되살아나고 있는 것이다.

〈보리밭〉의 노래 속에 결코 잃어버릴 수 없는 우리의 이상이, 정녕 저 들판 보리밭의 봄보리처럼 싱싱하게 자라고 있는 것이다.

지은이

보리밭 사잇길로

1.

그 즈음, 그 나날들 속에서 지내온 일들을 그저 암울했다는 낱말 한 개로 문질러 버릴 수도 있을 것이다. 그러나 육신과 심령이 하염없이 배회하는 그러한 속에서라도 무엇인가를 붙어야겠다는 한 올 실오리 같은 소망이 전혀 없었던 것은 아니었다. 만약 실오리 같은 그 소망이 없었다면 우리는 부산 영도 앞바다에다 몸을 첨벙 던졌을지도 모르는 일이었다.

하지만 우리는 그런 것은 감행하지 않았다. 또 그래야겠다는 생각을 해 본 적이 없고, 설마 그런 극한상황에 맞닥뜨렸더라도 수월하게 그럴 만한 용기가 없었다고 보아야 옳을 것만 같다.

그때 겪은 수난은 너와 나 개별적인 것이 아니고, 모두가 함께 겪어야만 하던 것이었으니까 말이다. 본래부터 부산에서 살아온 사람들이거나 또는 공산군에게 쫓기어 이곳에까지 피난 온 사람이거나 똑같이 겪을 수밖에 없는 운명이었기 때문에, 이 역경逆境의 과정을 끈기 있게 이겨 나가야만 한다는 민족적인 일체감이, 피곤하고 지칠 대로 지쳐 있는 우리들의 심신心身을 그럭저럭 지탱해 주었다고 할 것이다.

헌데, 그 한 가닥 소망의 실오리란 것이 우리 심층心層에서 매우 얼크러져 있어서 그 실마리를 찾아 풀어내기가 좀처럼 쉽지 않았다.

그래서 행여나 하고 그 당시 피난 온 무리들, 더욱이 예술인이나 문학가들은 한결같이 거리에서 거리로 쏘다니는 것이 그 날의 일과였던 것이리라. 아니면 어느 다방 같은 장소에 약속 없이도 모여 쭉 줄치고 앉아서 무슨 이야기든 지껄여대야만 했던 것이다.

일간 신문이나 라디오에서 듣는 전황戰況 뉴스는 매일같이 삼팔선 일대에서의 여전히 치열한 전투를 전해 주는 것이었다. 그런가하면 소련군이 만주와 북한 접경지대에 집결하고 있다는 정보를 하여 제3차 대전의 위기의식도 고조되는 것이었다.

그것은 트루먼 대통령이 어느 때보다도 3차대전이 발발할 위험성이 농후해졌다고 기자회견에서 언명했다는 소식이 들려와 더욱 그러했다. 중국의 지상군地上軍이, 정말 타임지의 표지그림이 보여주듯 메뚜기 떼처럼 한반도 전선에 쫙 깔려 있는 것은 두말 할 나위도 없고, 압록강 저 너머에 중공전투기 8백여 기가 배치되어 있다는 뉴스도 읽을 수가 있었다.
 그러니 서울은 지금 작전지역 안에 들어 있는 셈이고, 텅 비어 있는 것이나 다름없었다. 서울서 피난 온 사람들이 언제 제 집으로 돌아갈 수 있을지는 감감한 노릇이었다.
 그런 1951년 3월 어느 날―.
 나는 70여 일간 신세를 진 마산의 육군 병원에서 퇴원하여 부산으로 와서 일상의 곤비困憊한 물결 속에 첨벙 뛰어들었던 것이다.

 그때 적어둔 일기 노트에는 다음과 같이 짤막한 몇 마디 말로 나의 심정을 표현해 두고 있다.

 부산에서 다시 살아본다. 정거장 근처의 한 작은 조잡한 여관에 투숙하고 하룻밤과 하루 낮을 지난다. 쓸쓸함이 한껏 부풀어 오르고 인정이 그립다.
 나는 영원한 보헤미안이 된 것인가? 표표漂漂하는 표류선漂流船, 기항지寄港地가 없다.
 점심·저녁의 두 끼 식사는 아무래도 매식賣食해야만 하는데 오랫동안 병고病苦에 시달려 온 몸이라서 영양부족도 미상불 걱정해야 하는 문제가 되었다.
 거리에는 전염병이 창궐한다고 소란하다.

나는 다방에서 커피 한 잔으로 위안을 불러본다. 아무래도 만날 수 없는 위안이다.

통행금지 시간이 가까워도 숙소에 돌아가기 싫은 것은 싸늘한 안식조차도 없기 때문이 아닐까…….

여관이란 것이, 작은 여관방에서 모르는 몇 사람이 합숙하는 형편이어서 몸이 여윌대로 여윈 내가 편히 안식을 취할 수 있는 곳이 못 되었다.

그래서 눈만 뜨이면 어디든 나가서 있는 것이 오히려 편했다.

그날들의 내 일상의 다람쥐 쳇바퀴는 부산 정거장 근처에 있는 이른바 40계단이라는 곳에서부터 돌아가기 시작한다. 동명洞名으로는 염주동이라던가.

아무튼 속칭 40계단 아래 구석진 골목에 있는 어느 보잘 것 없는 여관집 여관방이 우선 내가 정한 거처가 되었다.

거처를 이곳에다 정하게 된 까닭이 있었다. 그것은 부산방송국이 가깝기 때문이었다. 아무래도 당장 다소나마의 원고료 수입을 방송국에다 기대는 수밖에 없었던 것이다. 또 그렇게 되었다. 나는 몇 가지 원고 일거리를 얻었고 그것으로 마련한 돈으로 끼니를 메우고 커피 값을 대고 했다.

아침에 부산하게 일어나서 한 쪽박의 물을 간신히 얻어 세수를 하고 나서는 여관방에서 벗어나 이 마흔 개가 된다는 돌계단을 천천히 밟고 올라간다. 거기서 40계단 윗길이 서남쪽 방향을 잡고 걸어가면 광복동 거리도 남포동 거리도 또 자갈치시장에도 다다를 수 있게 마련인 것이다.

아침에 일찍 만나자는 무슨 약속이 있는 것도 아니었다. 그렇다고 아침밥을 사먹기 위해 시장 쪽으로 찾아가는 것도 아니었다.

아침에 일어나 얼굴을 씻는 둥 마는 둥하고 옷을 갈아입고 나면 으레 그렇게 해야만 하는 것처럼 저도 모르게 40계단을 밟고 윗길로 올라가는 것이고, 그러고 나선 오른쪽 아니면 왼쪽으로 방향을 잡는 것이다. 오른쪽으로 방향을 잡으면 부산 방송국을 향해 가는 것이고, 왼쪽으로 접어들면 아까 말한대로 광복동으로 가는 것이다.

이 며칠은 대체로 광복동 네거리 쪽으로 가는 일이 많아졌다. 거기에는 내가 자주 가곤 하는 다방들이 있기 때문이었다.

아침 식사를 해야겠다는 생각은 없었다. 그런 생각이 든댔자 아침밥을 사먹을 수 있는 돈이 주머니 속에 남아 있는지 모르는 일이었다. 그런데다 엊저녁에 들이켠 흙냄새나는 소주가 아직 위 속에 남아 있는 듯 쓰디쓴 위액을 분비하고 있었다. 그러니 먹고 싶은 식욕이 당기지가 않는다. 생각이 간절한 것은 커피 한 잔이었다.

'우선 커피 한 잔을 해야······.'

그래야만 잔뜩 골을 내고 있는 위 속을 달랠 수 있을 것만 같았다.

'커피를 마시고 싶다. 커피를 마셔야지.'

커피 값이라면 그만한 돈은 주머니 속에 남아 있을 성싶었다. 그래서인지 나의 발걸음은 저도 모르게 광복동 쪽으로 옮겨지고 있었다.

바다 쪽에서 비린내가 풍기는 선선한 바람이 불어온다. 하지만 초여름에 들어서려는 듯 햇볕이 제법 따갑게 내려쪼이기 시작한다.

그리고 이 40계단 윗길의 왕래가 적이 붐비기 시작한다. 내가 늦잠을 잤나? 골이 쑤셔서 그러했을 듯도 싶었다. 길을 걷다가 어느 가게 앞에 멈춰서서 가게 안의 시계를 보니까 벌써 10시가 지나고 있었다.

어제 일이 기억에 떠올랐다. 어제는 뜻 아니하게 아동문학가인 김영일金英一 님을 처음 만났던 것이다.

물론 그의 이름은 해방 전부터 알고 있었고, 그의 동시나 동화를 많이 읽은 터여서 문학을 통해서는 오래 전부터 친숙하달 수 있었다.

그런데 이상하게도 서로 만나지 못하고 있다가 어제야 피난살이 부산에서 처음 대면하게 되었던 것이다.

그래서 이러이러한 숱한 이야기로 꽃을 피우다가 모처럼 처음 만났으니까 그냥 헤어질 수가 없어 소주를 마냥 마셨던 것이다.

광복동에서 염주동으로 빠져나오는 샛길이 있다. 지름길이기 때문에 많이들 그 샛길로 다닌다. 그런데 그 샛길 군데군데에 길가에 벌여 논 포장술집이 있다. 우리는 거기 찾아갔던 것이다.

어묵 따위의 꼬치안주가 맛이 유명했다. 헌데, 소주는 어느 무명 양조에서 빚은 것인지 흙냄새가 약간 풍기는 것이 술맛이 조잡하다. 그런 소주밖에 없으니 별 수 없는 노릇이었다.

그런대로 소주의 취하는 맛은 대단했다. 저녁끼니 삼아 어묵꼬치를 연신 먹었는데도 이내 머리가 띵해지는 것이 취기가 도는 모양이었다.

술잔이 몇 순 오가고 했을 때, 김 선배가 불쑥

"윤용하 씨를 아시오?"

하고 말을 꺼낸다.

"윤용하 씨요?"

"아, 거, 왜 작곡하는 작곡가 윤용하 말요……."

"윤용하 알지요."

하고 내가 대답하고는

"그건 왜 묻지요?"

하고 되물었다.

"아니야, 박 형이 윤용하 씨를 알고 있다해서……."

"알고 있고 말구요. 해방 후부터 알지요."

"아 그렇겠군. 나도 내 동요를 작곡했기 때문에 윤용하를 알고 있지요. 그 양반의 동요 작곡이 매우 곱고 아름답다고 들 하는데 나는 뭐 알아야지. 다음에 박 형한테 한번 보여야 겠군."
하고 김선배가 말하는 것이었다.
 실상, 내 시에도 윤용하가 작곡을 한 일이 몇 번 있었기 때문에 그의 음악에 대해서 나도 관심을 무척 가지고 있는 터였다.
 그런데 김선배에게서 그런 말을 듣게 된 것은 뜻밖이었다. 아무튼 반가운 일이었다.
 술잔이 오가면서 조금은 윤용하에 대한 이야기를 주고받았다.
"앞으로 우리는 윤용하 형과 많이 사귀는 것이 좋겠어요. 서정적인 새 동요 노래를 많이 펼쳐야겠으니까 말이오."
하는 김선배의 말이었다.
 나는 머리를 끄덕였다. 그러고서는
"김 선배님은 윤용하 씨를 만났던가요?"
하고 물었다.
"만났지."
"여기서 말예요? 부산서?"
"아 그렇다니까······."
"그래요? ······."

하고 내가 말하자 김영일 씨는 의아하다는 듯이
 "아, 그럼 박 형은 부산서 아직 윤용하를 못 만났단 말이오?"
한다. 내가 고개를 끄덕이니까
 "그거 이상한 일이군. 서로 안다면서 요 좁은 부산바닥에서 못 만나다니……."
하고 눈을 크게 뜨는 것이었다.
 "내가 부산에 온 지 얼마 안 되었으니까 그렇게 됐나보죠? 김선배님도 오늘 처음 아닙니까……."
 그제서야 김 선배도 수긍이 가는 모양이었다. 내 옷차림을 쓱 훑어보더니,
 "참 그렇겠군. 마산 수도육군병원에 입원해 있었다면서…… 그러니까 못 만날 수도 있는 일이야. 게다가 윤용하도 실은 부산에 온 지 그리 오래된 것 같지는 않은 것 같애. 그리고……."
 "그리고 또 뭡니까?"
 "지금 동래 쪽에서 살고 있다는구면. 온천장 뒷산에다 천막을 치고 살고 있다니……. 천막 둘레에 냇물이 흐르고 진달래 꽃, 아카시아 꽃이 핀다면서 놀러 오래잖아. 역시 그는 낭만을 쫓아다니는 예술가야. 동래 외딴곳에 살고 있으니까 광복동에는 자주 못 나올 수밖에……."
 "나도 어서 만나고 싶군요."
 "만나게 되겠지. 요 좁은 바닥에서 오락가락 하노라면 안

만나고 배겨?"

하고 우리 둘은 한바탕 크게 웃었던 것이다.

　윤용하가 부산에 와 있다는 사실은 내게는 기쁜 소식이었다.

　6·25 동란이 일어나기 얼마 전에 그와 함께 오페라를 한 편 만들어 보자는 계획을 세우고 그 대본을 써서 준 일도 있었으니까 말이다. 그도 그렇거니와 이 전쟁 중에 누구든 아는 사람의 안부 소식을 듣는 것은 즐거운 일일 수밖에 없었다.

　'윤용하를 한번 만나고 싶다.'

　지금 새삼 그를 만나보고 싶은 그리움 같은 것이 솟구치는 것이었다.

　'오늘 내 이 몰골을 본다면 대체 어떤 생각이 들까?'

　불현듯 이런 생각이 들었다.

　사실, 오늘의 내 모습이란 누가 봐도 적이 놀랄 것이다. 내가 생각하기에도 형편없을 것이라는 생각을 하고 있기 때문이었다.

　거의 석 달 동안 병에 시달렸고, 병원에서 누워 있었던 몸이 되고 보니 병색이 남아 있으리란 것은 뻔한 일이었다.

　그런데다 입은 옷이라고는 헐어빠진 군복뿐이었다. 육군 병원에서 퇴원할 때 새 군복 한 벌을 받았는데, 아낀다는 것이 그만 잃어버리고 말았다.

　여관에 투숙한 지 이틀 만에 낮에 내가 없는 사이에 누가 슬쩍해가지고 나가버린 것이다. 그도 합숙 멤버였는데 그 이

후로 여관에는 돌아오지 않았다.

　내게 새 군복 한 벌이 있는 것을 눈여겨 보아두었다가 여관을 옮기면서 가져간 것이 틀림없었다.

　그렇게 해서 물건을 잃어버리는 것은 그즈음은 흔히 있는 일이라는 여관 주인마님의 이야기였다.

　한 벌 군복만을 훔쳐간 것으로 다행하게 여길 수밖에 없었다. 그런데 내게는 사복이 한 벌도 없었다. 셔츠가 두세 벌 있을 뿐인데 군복 바지에다 셔츠를 걸친다는 것은 더욱 우스워 보여 비록 낡은 것이지만 군복을 그냥 입고 다니기로 했다.

　군복을 입고 다니는 것이, 한참 심했던 군경 합동 검문을 통하는 데 수월했다. 내게는 병원에서 만들어 준 임시 증명서가 있었기 때문이었다.

　이리저리 생각하면서 걸었는데 어느 새 내가 잘 다니는 '담담淡淡'이란 다방 근처에 온 것을 깨달았다.

　예술인이 많이 모이는 곳으로는 '밀다원蜜茶園'이란 다방이 있었다. 남포동에서 광복동으로 빠져나오는 중간 골목 모퉁이에 있었는데 2층이 다방이었다. 딴 곳보다는 허스름한 가게였는데 어째서 이곳에 많이 모이게 되었는지는 모를 일이었다.

　그밖에도 '녹원綠園', '르네상스' 등이 있었는데 나는 광복동 파출소 뒷길에 있는 '담담'이 마음에 들어 그 다방에 많이 다니는 편이었다.

다방이 그리 크지 않고 이름 그대로 아담해서 그 분위기가 내게는 마음에 들었던 것이다.
'담담' 안으로 막 들어서려는데,
"거, 박 형 아니오?"
하고 누가 등 위에서 부른다. 좀은 컬컬한 목소리였다.
나는 고개를 돌렸다.

2.

윤용하였다.
나를 부른 사람은 뜻밖에도 윤용하였던 것이다. 만났으면 하던 참에 이렇게 만날 줄이야! 나는 무슨 말이건 빨리 대답을 해야겠는데 얼른 입이 떨어지지 않았다.
"그래, 박 형이었어!"
그는 입이 일그러지는 듯한 웃음을 크게 지으면서 나의 두 손을 덥석 잡는다.
그제서야 나도 표정이 풀리면서
"윤 형!"
하고 입을 열었다.
"부산 와선 첨이지? 첨이구 말구······. 내가 찾아다녔는데······ 꼭 만났으면 해서 말이야. 한데 여기서 마침내 만나게 되었구먼."

 그의 입에서 반가움의 말이 술술 풀려 나왔다. 나도 이제는 입이 좀 풀리는 것 같았다.

 "안 그래도 엊저녁 김영일 씨를 처음 만났더랬지. 윤 형이 이곳에 와 있다는 소식을 들려주어서 나도 지금 윤 형 생각을 하면서 걸어오던 길이야."

하고 내가 말했다.

 "아동문학가끼리도 어째서 빨리 못 만났지?"

 "그럴 사정이 있었지."

 "그럴 사정이라니?"

 "아무튼 들어가세. 다방 안에 들어가서 커피를 나누면서 이야기합시다."

 "그러지."

 둘은 다방 안으로 들어갔다. 아직 아침나절이라서 다방 안은 한가한 편이었다. 모닝커피를 마시러 온 손님이 두세 자리에 있을 뿐이었다.

 우린 모퉁이 자리로 갔다. 커피를 주문해 놓고 대화는 계속되었다.

 "부산에는 곧장 안 내려온 모양 아니오? 그러니까 내가 못 만났지. 그렇지 않고서야······."

 용하가 먼저 입을 열었다.

 "맞았어. 그랬던 거요."

"그렇다면 1·4 후퇴 때 어디로 간 거요?"

"마산으로 갔었지요."

"마산? 마산은 왜?"

"그동안 내가 겪은 일을 윤 형은 모르실 거야. 누구한테 소식을 들었을 리가 없구……."

"아까 그럴 사정이 그것이란 말이지? 이야기를 듣자구."

지난 서너 달 동안 겪은 일들을 나는 대충 이야기해 들려주었다.

우선 대충 이야기할 수밖에 없었다.

전쟁 중에 맞는 새해, 1951년이 시작되면서부터 내가 겪은 체험들은 너무 암담한 것이었다. 그 암담했던 일들을 마음속에 차근히 정리해서 누구에게 지금 들려준다는 일은 너무 벅찬 일이었기 때문이었다.

하지만 나의 단편적인 이야기를 듣고서라도 용하는 나의 심정을 능히 읽을 수 있는 듯싶었다.

그는 내 이야기를 듣고 나서는

"박 형이 그동안 그런 고생을 했구먼! 나는 그런 소식을 못 들었지. 그러니까 마산병원서 나와 가지고 부산에 온 지가 얼마 안 되었단 말씀 아니오?"

하고 쓸쓸한 웃음을 지으며 말했다.

"그렇지요."

"1·4후퇴하면서 겪은 고생은 누구나 비슷할 거요. 물론 정도의 차이는 있을 것이지만……. 이를테면 박 형은 죽음의 고비를 넘긴 것이니까…….”

 “그럼 윤 형도……?”

 “아니,…… 나는 고생은 좀 했지만 1·4후퇴 때 마지막 화물 열차 편으로 내려온 것이야. 서울 가톨릭 합창단과 함께였지. 박 형에다 비하면 훨씬 고생을 덜한 셈이지. 나는 이게 다 앞으로 좋은 예술 활동을 하라는 훈련으로 생각해.”

 “그런 생각을 했다니 참 좋은 일이오. 지금 윤 형이 하는 일은……?”

 “여기 부산 바닥에서 할 수 있는 일이 뭐가 있겠소? 떠돌아다니는 일뿐이지. 전쟁의 아픔을 어루만져 쓰다듬어 보는 거지. 한데 전쟁이 주는 상처는 좀처럼 가시지가 않는단 말이오…….”

 “그럼 기거는요?”

 “응, 동래 뒷산에다 천막을 치고 거기서 살고 있어. 천막 부근의 환경이 좋아서 그곳을 못 떠나고 있지. 그래서 광복동에 나타나는 것은 그동안 좀 뜸한 편이었어. 앞으론 자주 나와야겠어.”

 “나하고도 자주 만나요. 방송프로그램도 좀 만들어 봅시다.”

 “그래야겠어. 방송국에 찾아가 돈을 좀 마련해야겠어. 요즘은 술값이 딸린단 말이야.”

 “요즘 약주 많이 하시오?”

"좀 하는 편이지. 요새 같은 날에 취하지 않고 어떻게 견뎌 나겠나. 박 형, 안 그러오?"

"그래요. 그래서 어제 나도 소주를 했는데, 김영일 씨하구……. 헌데 역시 속이 좋지 않군요."

"아직 건강이 덜 좋아서 그런 모양이군. 그건 그렇고……."

그는 나를 만나야겠다는 이유가 새삼 생각에 떠오르는지,

"아무튼 박 형, 잘 만났소. 꼭 좀 만났으면 했거든. 그럴 이유가 있었단 말이야."

하고 말한다.

"이유?"

"그렇지. 말하자면 내가 찾아본 것도 그 때문이지."

"뭔데요?"

"우선 여기서 나가자구. 나하고 갈 데가 있어."

"어딘데요?"

"출판사야. 어느 음악 출판사야."

"출판사요?"

"그렇지. 그 일이 딴 사람에게 넘어갔을 리가 없어. 어서 가보자구."

나는 얼핏 눈치를 차릴 수가 있었다.

"출판사에 무슨 번역할 일거리라도?"

하고 내가 물었다.

"그거야. 그리로 가면서 말해줌세."

둘은 '담담'에서 나왔다.

광복동 네거리는 왕래가 부쩍 늘었다.

우리는 USIS(미국공보원)가 있는 길 쪽으로 걸어가 대신동으로 빠지는 큰 길로 접어들었다.

길을 걸으면서 그에게서 들은 이야기는 이러했다. 즉, 어느 음악 출판사에서 세계 명가곡 아리아곡집을 출판하려는데 그 가사를 번역할 수 있는 시인을 찾고 있다는 것이었다.

"박 형은 시인이면서도 음악을 잘 알고 있잖아. 그러니까 박 형이면 그 가사 번역쯤 잘 해낼 거란 말이야."

가곡의 가사나, 또 가곡 아리아의 가사를 한 번도 우리말로 옮겨 본 일은 없었다. 하지만 음악을 좋아한 덕분에 명가곡이나 웬만한 아리아곡은 내가 알고 있는 터였다.

그렇다고 해서 번역을 잘 해낼 수 있을지는 모를 일이었다. 어쨌든 그가 나를 생각했었다는 것은 눈물겹도록 고마운 일이었다.

그런데다 요즘은 방송국에서의 원고료 수입이 신통치가 않았다. 그동안 거기만 매달렸으니 그럴 수밖에 없었다.

이 일감을 놓쳐서는 안 된다는 생각이 들었다.

나는 그를 바삐 따라가면서

"그 이야기가 나온 지가 언제인데요?"

하고 물었다.

"박 형, 걱정마. 박 형 외엔 이 일은 할 사람이 없다구. 그리구 또……."

"그리고 또 뭡니까?"

"내가 그 출판사 사장한테 박 형 이야기를 해두었다구. 그 이야기를 듣자 박 형 생각이 떠올랐던 거야."

"나는 만날지 어쩔지 모르면서?"

"부산에 와 있을 거라구 생각했었지. 오늘 이렇게 만났잖아. 어쩐지 오늘은 광복동 거리에 일찍 나오고 싶더라니……."

"그건 나도 그러했다구……."

이러저러 이야기하는 동안에 어느새 그 음악 출판사라는 데 다다랐다.

대신동에 있는 어느 사택을 주거 겸 출판 사무실로 쓰고 있었다.

마침 출판사 주인도 집에 있었다.

딴 손님이 있어 이야기중이었기 때문에 잠깐만 기다려 달라는 것이었다.

응접실처럼 쓰는 작은 방에서 둘은 말없이 기다리고 있었다. 아까 그 흥분은 언제 가시었는지 이상하리만큼 조용하면서 말이 없었다.

방 한구석에 피아노 한대가 놓여 있었다. 까만 빛깔이 반질반질, 윤택이 좋은 피아노였다.

벌써 오래 해 전에 한동안 피아노 공부에 열중했던 일이 추억처럼 그립게 떠올랐다.
 그 피아노를 물끄러미 바라보고 있자니까, 불현듯 피아노의 그 하얗고 까만 건반들을 두들겨 보고 싶은 충동이 걷잡을 수 없으리만큼 고개를 쳐드는 것이었다.
 나는 피아노 앞에 가 뚜껑을 열었다. 잠겨있지 않았다.
 그리고 황홀한 듯 내려다보다가 나도 모르게 털썩 앉으면서, 두 손으로 건반들을 두들겼다.
 금세 피아노 소리가 온 방 안을 파도쳤다. 무슨 제대로 된 곡이 아니고 그냥 아르페리오를 연습해 본 것이었다.
 용하가 빙그레 웃는다.
 "참, 박 형은 피아노 공부도 좀 했다면서? 솜씨가 보통은 아닌 것 같은데? ……."
하고 그가 말했다.
 나는 엉겁결에 손을 멈추었다. 그래서 피아노 뚜껑을 닫고는 다시 제자리에 돌아와 앉았다.
 "아, 박 형! 한곡 쳐 보시오. 괜찮다니까……."
하고 그가 다시 말했다.
 나는 얼굴이 적이 화끈거렸다. 무심코 해본 것인데, 처음 찾아온 집에서 실수를 저지른 것이나 아닌가 싶었다.
 "피아노를 보니까 나도 모르게 한번 쳐보고 싶어서……."
하고 나는 말끝을 어물어물해 버렸다.
 그런데 그는 아무렇지도 않다는 표정이었다. 어딘지 모르게 소년 같은 순진한, 구김살없는 표정이 깃들어 있는 것 같았다.
"피아노 한번 두들겼다구 닳아지는 것두 아닐 텐데, 뭐……."
하고 그가 말했다.
그때 손님을 보내고 우리를 만나려는 듯싶었다. 출판사 주인은 얼굴에 웃음을 함박 띄우고 있었다.
우리 둘은 자리에서 일어났다.
"아, 어서 앉아요. 기다리게 해서 미안해요."
하고 주인도 자리에 앉았다. 그리고
"윤 선생이 피아노를 한번 울려 보았소?"
하고 웃으며 묻는다.
"아니에요. 이 박 선생이……."
"박 선생? ……."
"네, 접때 제가 이야기한 바가 있는……."
하면서 그는 내 이름을 소개했다.
"정말 잘 오셨소."
주인은 악수를 청했다.
"만나 뵈서 반갑습니다."
주인의 손을 황송스레 잡으면서 내가 말했다.
"피아노 솜씨를 보니까 역시 윤 선생 말대로 음악을 아는 시인인가 보군!"

하고 출판사 주인은 다시금 껄껄 웃었다.

이리하여 음악 출판을 하는 이강렴李康濂 사장을 처음 만났던 것이다. 몸이 뚱뚱하면서도 부드러운 얼굴 표정의 어딘지 모르게 호감이 가는 사람이었다.

3.

그가 이야기한 바 있는 그 일감이 내게 떨어졌다. 나로서는 정말 다행한 일이었다.

"윤 선생이 박 선생을 꼭 소개한다고 해서 기다리고 있었소. 꼭 좀 맡아서 해주십시오."
하고 이 사장이 말하는 것이었다.

나는 그 말을 듣고 몰래 숨을 몰아쉬었다.

사실, 그날 아침 커피를 먹고 나면 점심을 사먹을 돈도 당장 없는 판국이었다. 그런 판국에 적잖은 수입을 벌어들일 수 있는 일감을 얻었으니 우선 숨통을 돌릴 수가 없었다.

"그러지요."
하고 내가 대답했다. 그러고 나서 맘속으로 선불을 달라는 말을 할까 망설이고 있었다.

그때 내 맘속을 알아차리기라도 한 듯이 그가

"이사장님, 선불 원고료를 좀 주셔야겠습니다."

하고 조금도 서슴지 않고 말을 꺼낸다.

"암 그래야지요. 나도 그럴 생각이었고."

이 사장도 시원시원하게 대답해 주는 것이었다.

나는 가사를 번역할 두툼한 책 두 권을 받아들고 또 원고료 선불을 백만 원이나 받았다.

백만 원이란 돈은 큰 돈이었다.

아무리 인플레가 되어 돈 값이 떨어졌기로서니 백만 원을 한번에 손에 쥐기란 쉬운 일이 아니었다. 그때 천 원 권이 없고 백원 권 지폐를 통용했기 때문에 십만 원 뭉치 열 뭉치를 큰 봉투에 넣어 들고 나왔다.

이사장의 집을 나와서는 둘이서 한바탕 크게 웃었다. 흐뭇했기 때문이었다.

"윤 형, 정말 고마워. 이 수입으로 한 달은 염려 없을 것 같아. 정말 고마워요!"

나는 고마움의 표시를 어떻게 했으면 좋을지 몰랐다.

나는 술값이나 하라고 한 뭉치를 꺼내 넘겨주려 하니까 그는 펄쩍 뛰었다.

"박 형, 미쳤어? 이건 박 형이 수고하는 대가야."

"아니, 술값이라니까!"

"그럼, 술은 박 형이 사면 되는 거 아냐. 내 주머니가 비었을 때 술값을 박 형이 좀 내면 되는 거 아니야! 이런 건 집어치우라고……."

그의 청렴한 마음에 나는 움찔했다. 돈을 도로 집어넣으면서

"그러시오. 우선 어디 가서 점심을 합니다."

"오늘은 좋은 날이니까, 돈 좀 써 보라구!"

둘은 그 길로 다시 '담담'으로 왔다. 돈뭉치를 들고 있으니까 없던 기운도 새삼 솟구쳤다.

백만원—. 그 때 내게는 결코 적은 금액이 아니었다. 아니 엄청난 돈이었다. 그때처럼 소주나 마시면서 지낸다면 한 달은 족히 지낼 수 있을 것이었다.

내가 자는 40계단 아래 여관집의 합숙 숙박료는 일숙에 2천원이었다. 식사도 가장 싼 것이 한 끼에 천원이었다. 국제시장에 가면 그런 식사를 파는 집이 여기저기 있었는데 그것으로 요기는 충분히 되었다.

커피값은 6백 원이고 술값은 대중없었다. 그런데 양복 값은 엄청난 것이어서 좀 쓸만한 것은 30만 원이나 호가했다. 양화 값도 한 켤레에 7, 8만원 줘야 산다는 것이었다.

그 당시 미국 달러와의 환율이 4천대 1이고, 암시장에서는 6천 5백대 1이었으니 그 당시 물가가 어떠했는가를 짐작할 수가 있을 것이다.

말이 백만 원이지 쓰려고 한다면 삽시간에 없어질 수 있는 돈이었다. 하지만 그때 내 형편으로는 엄청나게 큰 돈이었다. 엄청나게 큰 돈일 수밖에 없었다.

'담담'에 들어가니까 아는 얼굴들이 몇 나와서 잡담을 하고 있었다. 나를 보자 무슨 낌새를 느꼈는지

"박 형, 갑자기 얼굴이 환해졌는데!"

"무슨 좋은 일이 있은 모양 아냐?"

"원고 쓸 일이면 한몫 끼워 주라구!"

하고들 한마디씩 한다.

"아니야, 오늘 윤 형을 만났기 때문에 기쁜 거야. 오늘 아침 커피는 내가 사지요!"

커피 값으로 3, 4천원이 훌쩍 달아난다. 그런 것쯤이야 새 발의 피인 듯이 느껴진다.

"자, 나가지요."

나는 그와 함께 '담담'을 나와서는 바로 건너편의 서울 그릴로 들어갔다.

"아, 왜 이래? 박 형?"

하고 용하는 의아해 한다.

"윤 형, 아무 말 마소. 오늘은 좀 이래 봅시다."

둘은 칸막이한 식탁에 들어가 마주앉았다.

점심을 주문해 놓고 또 맥주 몇 병도 시켰다.

'담담'에서 나오면 '서울그릴'의 간판이 눈이 띄게 마련이어서 한 번 들어가 보고 싶었다. 음식 값을 어림할 수가 없어서 좀처럼 용기를 내지는 못하고 남포동의 싸구려 설렁탕 집으로 발을 옮기곤 했었다. 그런 것을 오늘 마음 내킨 김에 서

습지 않고 쑥 들어선 것이었다.

　허름한 군복차림의 사나이들이 들어서니까 종업원은 사뭇 놀라는 기색이었다. 그런데다 스프에다 디저트까지 딸린 점심을 주문하니까 눈이 휘둥그레지면서 난처해하는 눈치였다.

　"점심이라 안 되나요?"

　"아니, 저어 손님, 그런 것이 아니굽쇼……."

　"돈이 없을까 봐서요?"

　"아니, 그런데……."

　종업원이 어물어물한다. 그때 윤 형이

　"이 봐요, 점심밥이 대체 얼만데, 먹고 나서 음식값을 치르면 그만 아니요!"

하고 꽥 소리를 지른다.

　그제야 웨이터는 주문을 받아 가지고 사라지는 것이다.

　누구는 간덩이가 갑자기 부어오른 것이 아니다. 그때 그 심정으로는 나도 모르게 그러고 싶었던 것이었다.

　맥주를 한 잔씩 단숨에 들이켜고는 서로 마주보며 씩 웃었다.

　6·25전, 서울 명동 입구의 '태극 그릴'에서도 어느 저녁 윤 형과 함께 마주앉은 적이 있었다.

　그때는 저마다 음악·문학에 대한 꿈이 부풀었기 때문에 그 꿈에 대한 이야기로 시간이 가는 줄 몰랐다.

　그는 한가득 부푼 가슴을 안고 서울로 올라왔다. 서울로 올 때까지는 함흥의 영생여고에서 음악교사를 지냈다.

그러다가 이북 공산주의 정치가 도저히 체질에 맞지 않고 또 뜻한바 있어 서울로 월남을 오게 된 것이다.

그것이 1946년 늦여름이나 초가을이었다는 말을 나는 들었다. 아무래도 좋았다.

그가 서울에 왔는데도 어느 한 사람 선뜻 반겨 주는 사람이 없었다. 역시 그에게는 서울은 만주 땅 못지않게 황량한 벌판이었다. 아무도 만주서 활약한 청년 작곡가 윤용하를 알아주지 않았던 것이다.

그래서 그는 아는 사람이 한 사람도 없었지만, 공보처의 서울방송국을 찾기로 했다. 거기 가면 작곡할 수 있는 기회를 잡을 수 있을지도 모른다는 생각에서였다. 내가 윤 형을 처음 만나 알게 된 것은 그 이듬해인 47년 늦봄이었다.

나는 서울 방송국 편성과 직원이었다. 시인 안서岸曙 김억金億 씨가 서울 방송국 차장이었던 덕택에 나는 시낭송, 소설낭독 따위의 문예 프로를 담당하고 있었다.

어느 날이었다.

편성을 맡고 있던 배준호裵俊鎬가 내 책상 곁으로 오더니,

"내가 한 사람 소개할 사람이 있어요. 복도 응접실로 함께 갑시다."

하고 말을 건넨다.

방송국 정문에서 들어오면 바로 맞은편 방이 응접실 겸 방

송 출연자들의 대기실이었다.

"그래요? 누군데요?"

하고 내가 물었다.

"음악가입니다. 작곡하는 분인데 윤용하라고 하더군요. 강원도 시골에서 있다가 서울에 왔다더군요. 혹시 이름을 들어 보셨어요?"

"아니오. 처음 듣는데요……."

그때 나운영羅運榮, 박태현朴泰鉉 씨 등이 방송국의 음악 과장으로 있었기 때문에 그분들은 알고 있었으나 윤용하는 아주 생소한 이름이었다. 또 다른 음악가들 중에서 그 이름을 들어본 적도 없었다.

나는 고개를 갸우뚱했다.

"그럴 거예요. 시골에서 올라온 분이니까요."

"그런데 왜 내게 소개한다는 거죠?"

"아, 박 형이 시인이고 또 음악도 좋아하니까 이야기가 될 듯싶어서요. 그리고 또 요새 새 노래를 계획하는 일도 있고 해서죠."

"알겠어요. 만나지요."

나는 배준호랑 함께 복도의 응접실로 갔다.

옷차림이 허술한 시골 청년이 기다리고 있다가 일어섰다. 볕에 그을렸는지 얼굴이 좀 거무칙칙하게 보였다. 그런데도, 두 눈은 큰 것이 서글서글해 보였다.

배준호의 소개를 받자 그는 머뭇거리면서 한 손을 내밀었다.

"시를 쓰시는 박 선생을 만나 뵙게 되어서 반갑습니다. 앞으로 많은 도움을 받아야겠습니다."
하고 말했다. 퍽이나 겸양스런 말이었다.

나는 약관이면서 시를 쓴답시고 분수없이 우쭐거렸는데, 나보다 두어 살 위로 보이는 연배가 정중하게 겸양의 말을 건네오는 것이 아닌가. 나는 적이 당황할 수밖에 없었다.

"아, 작곡을 하신다구요? 함께 좋은 노래를 만들어 봅시다."
하고 내가 말했다.

"예, 해방이 되었으니까, 이제 우리 가곡을 싫도록 지어야겠습니다. 박 선생, 노래가 될 수 있는 시를 써 주십시오."

"그러지요, 잘 해 봅시다."

윤용하는 나의 이 말에 감격했는지 다시금 나의 두 손을 꽉 붙잡는 것이었다.

그즈음, 편성과에서는 하나의 문화적 사업을 계획하고 있었다. 새 노래를 만들어 방송을 통해 보급시키자는 것이었다.

해방이 된 지 어언 두 돐이 가까워도 정말로 부를 만한 노래가 없었다. 대중가요도 일제시대에 부르던 것에서 완전히 탈피 못하고 있었다. 그런 대중가요만을 방송할 수는 없었다. 국민가곡이라고도 하고, 또는 애국가곡이라고도 하는 노래가 몇 곡 있어서 그것을 녹음해서 자주 방송할 수밖에 없었다.

그즈음의 녹음은 직접 판에다 바늘로 깎는 일종의 레코드였는데, 그것도 7, 8회전이었다. 그러니까 음질이 좋을 리가 없었다.

그래서 방송국에서 특별 예산을 내어 새 가곡을 대대적으로 만들자는 계획을 세웠던 것이다. 음악과 소관이지만 가사 분야는 내가 맡게 되었다. 또 작곡가의 선정에도 내가 참여하게 되었던 것이다.

나는 창작 의욕에 빛나는 윤용하의 눈동자를 보고는 그를 새 가곡 프로젝트에 한 몫 끼도록 해야겠다고 생각하고 있었다.

이내 새 가곡의 가사가 그에게 주어졌다. 몇 편이었는지 지금은 기억이 희미하지만, 그의 작곡이 방송에 적지 않은 도움을 주었던 것은 분명하다. 가곡뿐 아니라 어린이시간에 방송되는 동요작곡도 적잖이 의뢰되었다.

추석 명절, 크리스마스, 그리고 설날 특집 프로에는 윤용하 작곡의 뮤지컬도 여러 번 방송되었다.

그러한 까닭으로 그 무렵 윤용하는 자주 방송국에 드나들었고, 그의 작곡 활동이 방송국을 중심으로 활발하게 펼쳐졌던 것이다.

그가 지은 국민가요 중 〈광복절의 노래〉며 〈민족의 노래〉는 지금도 심금을 울려주는 훌륭한 노래다.

네가 조국을 모른다니
이게 웬 말이냐.
괴롭거나 슬프거나
우리 함께 지켜온 강토가 아니냐.

지금 와서 너만 홀로
표연히 가버려
아아, 어서 돌아오라
미더운 고국 하늘 아래로
민족의 피가 너는 부른다.
민족의 피가…….

 둘로 갈라진 조국의 산하, 둘로 갈라선 같은 겨레의 안타까움을 눈물겹도록 정감있게 담은 노래를 그는 지었던 것이다.
 내가 그를 안 지 며칠 후 퇴근시간이 다 되었을 때, 그가 내 책상으로 찾아왔다. 그는 싱긋 웃으면서
 "박 선생, 퇴근할 때가 다 되었지요?" 한다.
 벽시계를 쳐다보니까 아닌 게 아니라 벌써 그렇게 되었다.
 "그렇군요. 퇴근시간이 다 되었군요."
하고 내가 말을 받았다.
 "오늘 저녁에 딴 약속이 없으시겠죠? 없으시면……."
 "글쎄, 딴 약속은 없습니다만…… 왜 그러시죠?"

"저녁식사라도 함께 나눴으면 하구요……."

그는 주머니에서 봉투 한 개를 꺼내 보인다.

"그게 뭡니까?"

"오늘 제가 작곡료를 받았습니다."

"아, 그래요?"

"첫 번 받은 작곡료입니다. 그래서 박선생과……."

"알겠습니다. 하지만 얼마 안 되는 작곡료인데요. 생계에 보태 쓰셔야죠."

"작곡료가 두둑합니다. 염려 마십시오. 오늘은 꼭 좀 박 선생과 저녁식사를 함께 하고 싶습니다. 응접실에서 기다리겠어요."

나는 더 이상 거절할 수가 없었다. 고개를 끄덕였다.

우리 둘은 덕수교회 옆으로 빠지는 샛길로 해서 시청 앞을 돌아 소공동 길로 나왔다.

바야흐로 한여름이 시작되는 싱싱한 저녁녘이었다.

퇴근길에는 으레 한 번씩 들러 가곤 하던 명동 길목의 '동호冬湖' 다방이며 '모나리자' 다방이 있었다. '모나리자'는 문인들이 많이 모여서 저녁 한때에 거기서 시간을 보냈다. 그러했기 때문에 지금 내가 걷는 길은 일과이다시피한 코스였다.

그런데 명동에 들어서는 길목 왼쪽에 '태극 그릴'이라는 서양 음식점이 하나 있었다.

우리 둘은 '태극 그릴'에 들어가 마주앉았다. 그는 정식定

食을 주문하고 맥주도 몇 병 시켰다.

  나는 맥주를 잘 못 먹는 편이었는데, 그가 따라주며 권하는 대로 벌컥벌컥 마셨다.

  그러면서 여러 이야기를 나누었다. 주로 음악에 대한 진지한 이야기였다.

  그와 음악에 대한 이야기를 나누고 있으면 나 자신도 모르는 이상한 힘에 끌려 음악의 세계로 빠져들어가는 것 같았다.

  그는 음악에 대해 남다른 정열을 갖고 있었다. 만주 땅에서 겪은 민족적인 아픔이며 슬픔을 음악으로 승화시키지 않고서는 미칠 것 같은, 그렇듯 마치 신들린 사람처럼 음악에다 온 정열을 쏟고 있는 듯이 보였다.

  "박 선생……."

  주기酒氣가 올랐는지 그의 목소리가 적이 격앙되었다. 옆자리에서 힐끔힐끔 곁눈질을 한다.

  그런 것에 아랑곳없는 그였고 또 나였다.

  "이제부터는 박 선생이라 말고 박 형이라 불러 주시오."

  "좋았어! 박 형?"

  "뭐요?"

  "우리 좀 크게 놉시다!"

  "크게 놀다뇨? 이젠 맥주 그만 합시다."

  "그게 아니구……. 그게 아니구……."

  "그럼요?"

"오페라 하나 만듭시다."

"오페라?"

"내가 오페라를 작곡하겠단 말이오. 그러니까……."

"나더러 오페라 극본을 써달라 이거죠?"

"맞았어. 오페라를 작가 작곡해서 우리의 민족혼이 깃든 오페라를 공연하는 거요! 정말 멋질 거야. 관현악 지휘도 내가 할 거구. 공연히 끝나면 작사자 박 형을 무대에 끌어내어 관중에게 소개할 거구. 박수갈채가 우레처럼 쏟아질 거야. 암, 꽃다발을 한아름 가슴에 안은 예쁜 소녀도 무대에 올라와서 꽃다발을 건네줄 것이 틀림없어. 스포트라이트가 우리 두 사람에게 비쳐 주고 있겠지……."

그는 벌써 무대 위에 올라선 것처럼 두 눈망울이 황홀한 꿈속에 잠겨 있었다.

지금 나는 '서울 그릴'의 칸막이 안 식탁에 윤 형과 마주앉아서 6, 7년 전의 그때의 일을 새삼 기억 속에 더듬어 보는 것이었다.

"박 형, 맥주를 안 마시고 무얼 생각하는 거야?"

윤 형의 목소리가 나를 현실로 돌려놓았다.

지금 우리는 피난살이 부산에 와 있는 것이다. 하지만 꿈을 잃어서는 안 된다. 삶의 고달픔 때문에 그 영롱했던 꿈이 퇴색해서도 안 된다.

"무얼 생각한 거야?"

"아, …… 아니야. 자, 맥주를 들지요."

불현듯, 우리 둘이 다짐했던 오페라 〈견우직녀〉의 가사 원고가 윤 형의 손에 있는 것을 생각했다. 그런데 그것의 작곡 완성여부를 묻고 싶었으나 차마 물어볼 수 없었다.

언제인가는 그 이야기가 자연스럽게 나오겠지, 그의 입에서 오페라 이야기가 안 나오는 것을 보면, 그 작곡의 총보를 전란통에 잃어버렸던지, 아니면 아직 완성을 못 보았을지도 모르는 일이었다.

'오페라 작곡이 윤 형의 꿈이었는데…….'

나는 그런 생각을 하며 이번에도 윤 형이 더 권하는 맥주를 자꾸만 들이켰다.

4.

비가 내리고 있다.

벌써 사흘째 쭈룩쭈룩 비가 내린다.

비가 오니까, 여관방 방구석에 쳐박혀 있을 수밖에 없다. 아니, 또 내게는 외국 가사를 번역하는 일이 생겼기 때문에 비 오는 날인데도 굳이 밖에 나다닐 필요가 없어졌던 것이다. 아침에 '담담'에 나가 커피 한 잔을 마시고는 다시 여관으로 돌아와서 세계 연가곡집을 펼쳐놓고 하루 종일 궁싯거렸다.

번역하는 일이 생겼고 또 돈도 얼마큼 들어왔기 때문에 여관을 광복동 뒤안길의 '담담' 근처로 옮겼다. 40계단 아래, 그 구석진 여관방보다 훨씬 나았다. 역시 합숙이지만 낮에는 거의 나 혼자 있는 편이어서 조용히 원고를 쓸 수가 있었다.

좀 낫다는 여관이고 보니 합숙인데도 숙박료가 천 원이나 더 비싼 3천 원이었다. 그래도 원고를 쓸 수 있다는 홀가분한 기분을 가질 수가 있어서 좋았다. 우선, 부산 피난살이의 맨 밑바닥에서는 벗어났다는 기분이 들었다.

그도 그럴 것이, 그날로 국제시장에 가서 눈 딱 감고 20만 원을 내고서, 양복 한 벌도 샀던 것이다. 꽤 입을 만하다고 보이는 것은 30만원이나 했는데 20만원 정도의 것도 적이 사치한 편이었다.

옷이 날개라던가. 사복으로 싹 바꿔 입고 다방에 나타났을 때, 문우들이 모두 눈이 휘둥그레졌다. 실상 피난살이에서 새 양복을 사 입는다는 것은 엄두도 못 낼 일이었기 때문이다. 그래서 '종군작가'의 신분증 덕분으로 야전군복을 걸치고 다니는 문인이 수두룩했다.

새 양복인데 헌 군화를 신는다는 것은, 마치 양복 입고 갓 쓰는 격이었다. 이왕 내친김이라 구두도 한 켤레 장만하기로 했다.

헌데, 구두 값은 다른 물가에 비해 매우 비싼 것 같은 생각이 들었다. 좀 신을 만한 양화는 7, 8만원이나 했다. 국제시장은 에누리가 심하다는 말을 들은 터여서, 내리깎아 6만원에 한 켤레 샀다.

새 양복에다 새 구두를 사서 입고신고 보니까, 새삼 윤 형한테 고마움을 느꼈다.

번역료를 얼마라고 작정은 안 했지만 미리 받은 것만큼, 아니 더 많은 금액을 받을 수 있을 것 같아서, 돈이 반쯤 쑥 짤려나가더라도 그리 걱정이 되지 않았다.

'어서 빨리 번역을 해서 갖다 주어야……'

번역원고에만 마음을 쓸 수 있었다.

헌데 막상 세계 명가곡집을 펴놓고 보니까, 어떻게 손을 대야 할지 얼른 갈피가 잡히지 않았다.

원가사는 영어로 되어 있는 것도 있지만 불어나 독일어 것도 적잖이 있었다. 불어는 불어강습소에 반 년밖에 안 다녔고, 독일어도 전문학교 시절에 한 학기 공부하다가 그만둔 그런 정도의 실력밖에 안 되었다.

다행히 일역日譯이 있어서, 그것을 참고삼아 의역을 해버리는 수밖에 없었다. 하지만 책방에 들러 불어사전과 독일어사전을 마련했다.

우선, 멜로디를 콧노래로 불러 본다. 몇 번 그러면서 원곡에 가까운 시의 말을 찾아내는 것이었다.

여관방에 무슨 책상나부랑이가 있을 턱이 없다. 방바닥에 엎드려서, 원고지를 펼쳐 놓고 연필을 만지작거리는 것이었다. 그렇게 하는 작업인데 좀처럼 진척이 나가지 않는다. 생각보다는 훨씬 더 더디었다.

어떤 때는 마땅한 우리말이 떠오르지 않아 끙끙대기만 했다. 그렇다고 밖에 나가 쏘다니면 안 될 것 같아서 줄곧 여관방에 처박혀 있었다. 점심은 청요리(우동)를 시켜다 먹어 때웠고, 저녁만은 남포동에 나가 먹었다.

그런데 장마철이 시작되어선지 연 사흘 구성진 비가 쭈룩쭈룩 쉬지 않고 내리는 것이 자못 심정이 울적해지는 것이었다. 밖에 안 나갈 수 있는 것은 좋은데, 종일 여관방에 처박혀 있자니까 하염없는 생각이 자꾸만 엄습해 오는 것이었다.

'아, 술이나 실컷 마시고 떠들어 볼까? ······'

헌데, 윤 형도 어제 '담담'에서 잠깐 만났을 뿐이었다. 내 번역일을 생각해선지, 술추렴을 하는 저녁 무렵에는 나를 찾지 않았다.

엊그제 아침나절에 잠깐 만나서는, 윤 형은 무슨 천막 한 벌을 마련해야겠다면서, 국제시장에 중고 천막을 보러간다는 그런 말을 얼핏 하는 것 같았다. 그러고서는 가사 번역이 잘 되어 가느냐고 내게 물었다.

"하고 있는 중인데 생각보다는 어려우이!"
하고, 내가 말했다.

"세상에 쉬운 일이 어디 있다구?"

"난 번역이기 때문에 창작보다는 쉽게 생각했지요."

"잘못한 생각이야. 번역은 반 창작이라잖아."

"그런 것 같아요."

"게다가, 노래의 가사 번역은 더 그렇다고. 안이하게 다루었다가는 안 돼요."

"알고 있어요. 윤 형이 나를 소개한 체면을·손상시키지 않을 테니까……."

"그러해 주오. 더욱이 고음부의 노랫말은 각별히 신경을 써 줘야 해. 노래를 제대로 부를 수 있게 말이야. 음성이 높이 올라갈 때. 입이 오무라지면 곤란하니까 말이야……."

"그런 기초적인 건 나도 알고 있어요. 그래서 쉬운 것 같으면서도 결코 쉽지 않은 것이 가사 번역이라고 말하잖아요. 안 그래요, 윤 형?"

"어서 일을 끝내 놓고 한 잔 또 멋지게 하자구!"

그런 말을 하고는 국제시장 쪽으로 바삐 사라졌다. 그리고 나는 나대로 비가 내리기 때문에 여관방으로 돌아오고 말았던 것이다.

그런데 아까부터 이상스레 마음이 더없이 울적해지기만 한다. 가사 번역에 도무지 마음이 잡히지가 않는다.

비가 오기 때문일까, 빗속에 섞여 축축한 바닷비린내가 내 마음을 어지럽히기 때문일까? 아니면 이런 날일수록 늘 고개를 살며시 쳐드는 어떤 여인에 대한 그리움 때문일까?

사랑이며 그리움이며 그런 것은, 이런 고달픈 피난살이 삶에는 걸맞지 않은 사치품이기 때문에 도난당한 셈 치자고 다짐했던 것이 아닌가.

그런데도 이렇듯 비 오는 날에 나그네 창문에 매달리다 떨어지는 빗방울을 바라보며 쓸쓸한 기분에 함빡 젖어드는 것이 나로서도 어쩔 수 없는 일이었다.

이런 날에는 윤 형이라도 만나서 약주건 막걸리건 또는 소주건, 닥치는 대로 들이켜면서 취하는 데까지 취했으면 싶어지는 것이다.

하기는 이런 다함없는 울적한 기분은, 감기약처럼 쓴 외로움에서 연유되는지도 모를 일이었다. 그리고 그 외로움은 어느 여인에게서 비롯되는 것일지도 모른다.

내가 병원에서 나와 부산에 온 그 다음날, 길가에서 우연히 한 여인을 만났다. 서울, 어느 교회에서 성가聖歌를 함께 부른 여자였다.

나와 그 여자는 은근히 사랑하는 사이라고, 짓궂은 친구들이 소문을 퍼뜨릴 정도의 사이였다. 가까웠다면 가까웠다고도 할 사이이기도 했다. 그녀나 나나 친구들의 소문을 부정하지 않아도, 그렇다고 와락 긍정하는 것도 아니었다. 남들이 볼 때에는 정말 연인 사이나 되는 것처럼 늘 함께 다니기도 했다. 나는

'저 여자를 내가 사랑할 수 있을까?'
하고, 혼자서 생각해 본 적도 있었다. 그렇다고, 그녀와의 사랑을 긍정할 수 있는 것도 아니었다.

그러다가 6·25를 만났고, 병원에서 나온 후, 부산에서 그녀를 만났던 것이다.

그때, 나는 헙수룩한 군복에다 보행이 어려워 지팡이를 목발삼아 짚고 있었다. 누가 봐도 완연한 병색을 엿볼 수가 있었다. 그래선지 그녀는 나를 보자 매우 측은히 여기는 얼굴빛을 띠며

"몸이 무척 안됐어요. 몹시 앓다가 나오신 것 같아요."
하고 말을 건네 왔다. 나는 굳이, 마산 육군병원에 입원해 있다가 바로 어제 퇴원해서 부산에 왔다는 사실을 말하지 않았다.

말하기가 싫었다.

그녀는 나를 반기는 것보다 동정하는 기색이었고, 어쩌면 경원하는 것 같기도 했다.

"다방에 들어가 차라도 한잔 할까요?"
그녀는 다방에 따라 들어왔다. 커피 한 잔씩을 시켜 놓고도, 도시 아무 말이 없었다.

싱겁게 앉아 있다가 나와 버리고 말았다. 다방 앞에서 헤어지고는 그녀는 제 갈 길을 총총히 걸어갔다. 나는 군중 틈에 끼어 자취가 사라지고 만 그 길 쪽을 한참이나 멍하니 바라보고 있었다.

'전쟁이란 사람의 마음을 바꾸어놓는 것일까? 사랑도 순정도 송두리째 뒤흔들어 버리는 것일까…….'

나는 그런 것을 생각하고 있었다.

5.

어느 새, 나도 모르게 나는 빗속을 걷고 있었다.

비 내리는 길인데도, 왕래가 제법 번잡한 것을 보니까 남포동 거리인 듯싶었다.

나는 좌우를 둘러보았다. 낯익은 간판이 눈에 띄었다. 역시 남포동 거리였다.

내가 왜 남포동에 왔을까? 모를 일이었다. 어떤 생각에 골똘하면서 걸음을 옮기다 보니까, 나도 모르게 남포동으로 걸어왔는가 싶었다.

그러고 보니 우산을 받쳐든 것도 아니었다. 우비를 입은 것도 아니었다. 비를 흠씬 맞으며 걸어온 것이다.

옷이 많이 젖어 있었다. 빗물이 얼굴 위로 연신 흘러내리고 있었다.

'누가 보았으면 내가 실성한 사람처럼 보였을 것이 아닌가…….'

불현듯 그런 생각이 나 자신의 지금 당장의 처지를 인식하게끔 했다.

'어느 다방에라도 들어가서 비를 좀 피해야겠다.'

왼쪽에 '왕궁'이란 간판이 눈에 띄었다. 다방의 이름치고는 위압적이었다. 허나, 아무래도 좋았다.

그리고 들어가자 지하층으로 내려가는 계단이 있었다. 계단에는 빨간 융단이 깔려 있었다. 여기저기 빗물이 떨어져, 흉물스럽게 얼룩져 있었다.

마치 마음이 얼룩진 사람들의 발자국 같은 생각이 들었다.

그때, 그 '왕궁'이란 지하실 다방으로 들어가면서, 문득 내 머리에 스치는 어렴풋한 기억 같은 것이 있었다. 아니 그 어렴풋한 기억은 계단을 다 내려가기 전에 아주 뚜렷한 영상으로 나타나는 것이었다.

"왕궁이란 지하실 다방에서 모某 시인이 자살했어. 자살한 직접 원인은 아무도 몰라. 그가 숨지면서 쓰다 남긴 시가 있는데, 그저 1분……2분……3분……. 시간을 재는 것이었어. 아무도 모르는 미완성의 작품이었지. 그 시 작품은 아마 저승에 가서 완성되는 것일지도 모르네, 아무튼 지하실 다방에서 한 시인이 스스로 목숨을 끊었단 말이야. 충격적인 사건이었어."

누가 내게 들려준 이야기였다. 그러면서 그는 '지하실'이란 낱말에 힘을 주었다.

그렇다면 지하로 통하는 왕궁이란 말인가. 그렇지, 시인이

지하로 가는 통로는 왕궁이어야 한다. 어쨌든 '왕궁'이란 말이 매혹적이기도 하다. 헌데, 가난한 시인은 왕궁의 좌석권을 6백원이면 살 수 있다. 그러고는 영원한 지하로 가는 그 계단들을 천천히 밟으며 내려갈 수 있는 것이다. 돌아오지 못하는……

돌아오고 싶은 미련이 심층心層 어디에 아직 적게나마 남아 있을지 몰라도, 돌아올 필요가 없을 거야. 돌아오지 않아도 될 거야.

나도 그 왕궁의 지하 계단을 천천히 내려가고 있다. 내 몸에서 떨어지는 빗물들이, 빨간 융단 위에 얼룩을 남겨 놓고 있다. 내가 살아온 미운 세월들의 흔적처럼…….

"자살한 직접 원인은 아무도 몰라……."

그렇지, 몰라야 하는 거다. 죽음의 원인은 죽음 그것만으로 족하다. 왜 죽는다는 까닭을 꼬치꼬치 따져 봤댔자 무슨 소용이 있는 건가.

그건 속물들이나 그러는 것이다. 속물들은 흥미란 심적 상태에서 벗어나지 못하거든. 그러고 보면 나도 속물 중의 하나임을 어쩔 수가 없는 모양이다.

왕궁 문 앞의 마지막 계단을 밟고 내려서면서,

'왜, 그는 죽었을까? 왜, 죽어야만 했을까?'

라는 생각에 잠혔기 때문이었다.

한 사람의 시인이 죽음에 맞닥뜨려야 하는 그 원인을 다른 한 사람조차도 깨쳐 알기 전에, 시인의 죽음은 어느새 망각 속에 퇴색해 버리고 마는 것이 그지없이 안타까웠던 것이다.

그 시인은 왜 죽어야만 했을까?

"시인은 말이야. 다방 안에 아무렇지도 않게 들어와 앉았다는 거야. 이 다방에 자주 드나든 손님이었거든. 여느 날 여느 때와 조금도 다른 점이 없었다는 거야. 다방 레지가 인사를 하자 여느 때처럼 고개를 끄덕이고, 자리에 앉자 커피를 주문하더라는 거야. 아니, 그날은 첨엔 커피를 주문했다가 홍차로 바꿨대. 그리고 자기가 좋아하는 음악이 있었거든. 드보르작의 〈신세계〉의 제2악장 라르고야. 조금 있어 라르고의 조용한 선율이 흐르자, 그는 홍차를 마시면서 메모지에다 무얼 적고 있었다더군. 그러고는 음악을 감상하는 듯 두 눈을 지그시 감고 있다가. 또 무엇을 적다가 눈을 감고는 음악을 듣고 …… 이러다가 얼마 후에는 의자에 기댄 채 눈을 감고 한참 앉아 있더라는 거야. 그때가 밤 9시쯤 됐지. 다방 레지는 첨엔 아무렇지도 않게 생각했지. 라르고가 끝나고 〈신세계〉의 제4악장도 다 끝나고, 다른 음악이 돌아가는데도 꼼짝 않고 있더라는 거야. 다방 레지는 손님이 잠이 들었다고 생각한 모양이었지. 다방에서 주무시면 안 돼요. 그만 돌아가서 주무셔요, 하고 그를 흔들어 깨울 셈으로 어깨에 손을 댔던 모양이지. 그런데 맥없이 푹 쓰러지더라는 거야. 이 손님이 왜 이러실까? 다방 레지는 부축해 일으키려다가, 숨소리가 안 들리는 것을 알았다는 거야. 벌써 숨져 있었어. 손은 싸늘해지구. 그런데 두 눈은 조용히 감고 있었다지 뭔가! 충격적이면서도 멋진 죽임이었어."

누가 내게 계속해 들려준 이야기였다.

그 말소리가 지금 내 귓가에 쟁쟁하게 들려오는 것이었다. 아니, 그 시인의 망령이 지금 그 자리에 앉아서 나를 보고 있는 것만 같았다.

나는 문을 밀고 다방 안으로 들어간다. 여남은 손님이 다방 안에 앉아 있다. 희미한 불빛 속에 어슴푸레 보인다.

전등 불빛만은 왕궁답지 않다. 어둠침침한 것이 분재 화초들이 여기저기 놓여 있어 그늘을 드리웠기 때문에, 더욱더 무거운 기분을 자아내는 듯싶었다.

나는 구석진 자리로 가서 앉았다.

무슨 경음악의 레코드를 연신 돌리는 듯한데, 그 소리를 피하기 위해서도 스피커에서 멀찌감치 떨어진 자리에 앉았다. 카운터에서도 얼른 보이지가 않았다.

물기를 튕기면서 앉는 것이 못마땅한지, 또르르 쫓아온 레지가 찡그린 얼굴을 한다.

"무얼 하시겠어요?"

"무얼하다니?"

"여긴 다방인데 무얼 드시겠냔 말예요. 술은 안 돼요."

"술을 먹으러 온 거 아니오."

"그럼 어서 주문하셔요."

"홍차를 갖다 주오."

레지는 말없이 카운터 쪽으로 갔다가 또 주방 쪽으로 가더니, 홍차를 받쳐 들고 온다.

"청이 있소."

"말씀해 보셔요."

"음악을 좀 조용한 걸로 틀어줄 수 없소?"

"클래식이요?"

"그래, 그런 음악으로, 드보르작의 〈신세계〉 교향곡을 좀 들려주시오."

"부탁해 볼게요."

이 레지는 〈신세계〉의 라르고와 모 시인의 자살과의 관계를 모르는 것 같다. 아니면 그동안 레지가 바뀌었던지, 또 그것도 아니면 벌써 그때 일을 잊어버렸을 것이 틀림없었다.

아무튼, 좀 있으니까 〈신세계〉가 들려오기 시작한다. 언제 들어도 꿈속에서 듣는 듯한 선율이요 화음이었다.

그 음악 속에서 불현듯 한 조용한 목소리가 들려왔다. 〈신세계〉의 화현和弦과는 달리, 그 말소리는 내 귓가에서 속삭이는 듯싶었다.

"무얼 망설이는 거야? 오늘 실행하지 그래."

무엇을 실행하라는 것인가? 과거와 마래, 그 곤욕된 세월을 단절해 버리라는 건가. 그렇게 해보지. 그건 어렵지 않은 일이야. 하지만······.

주머니 속에 한 손을 넣어 만져보니까, 알약을 포장한 약봉지가 짚어진다. 하얀 눈처럼 새하얀 알약들이다. 그 알약을 목구멍 안으로 넘기면 그만인 것이다.

곤욕된 이 세월 위에, 내 조각배를 더 이상 흘려보내지 않아도 되는 것이다.

컵 속의 엽차는 알약들을 넘길 만큼 충분히 남아 있다.

저쪽 벽을 뚫고 한 여인이 걸어온다. 아니, 벽에 걸려 있던 그림들이 벗겨지면서 그 어느 자잘한 행길로 이어지는 것이었다. 자세히 보니까 자갈치 시장이었다.

그 시장에서 생선인지 찬거리를 사들고 또 등에는 아기를 업고 이쪽을 향해 걸어오고 있는 것이다.

낯이 익은 얼굴이었다. 여인의 얼굴이 점점 확대되어 정확하게 알아볼 수가 있었다.

그녀였다. 몇 번이고 사랑을 다짐했던 그 여인이었다. 그 여인과 결혼해서, 귀여운 아이들을 낳고 길러야겠다고 결심했던 바로 그녀였다.

전쟁이 일어나고 피난을 해야 하고, 그 법석통에 어쩌다 헤어질 수밖에 없었는데, 여기 피난길에서 다시 만나게 된 것이 아닌가. 얼마나 그 해후를 참고 기다렸던가.

'마침내, 이제야 만났군. 그런데 저 등에 업은 아기는 누구의 아기인가?'

"희야!"

나는 바삐 다가가서 말을 건넸다. 그녀는 고개를 돌렸다.

"어마!"

그녀는 너무 깜짝 놀라며, 손에 든 생선을 떨어뜨렸다.

"마침내, 여기서 만나게 되는군 그래!"

"선생님! ……"

그녀는 왈칵 울음이 솟구치는 듯 더 말을 못 이었다.

"여기서 말구…… 어디 딴 곳에 가서 말하지."

"안 돼요!"

"왜 안 된다는 거지?"

"그저…….."

그녀는 무슨 말을 할 듯 할 듯하다가 울음만을 삼켰다.

"이 아기는?"

나는 엉겁결에, 노여움에 찬 듯한 음성으로 물었다.

"저, …… 결혼했어요."

하고, 그녀는 간신히 이 말을 했다. 결혼, …… 그렇지, 결혼을 했으니까 아기를 낳은 거겠지. 이제 내가 어떻게 하겠다는 거야?

나는 그녀의 얼굴을 뚫어져라고 바라볼 뿐이었다.

"다시 만나선 뭘 해요? 과거는 잊어버리는 게 좋겠어요."

하고, 그녀는 울먹이면서 또렷이 말하였다. 그러고는 총총히 걸어갔다.

홀연히 왕궁 벽에서 그녀의 영상은 사라졌다. 그렇지, 과거는 잊어야지. 한데 빼앗긴 과거인데, 미래는 무슨 소용이 된다는 건가.

그때, 〈신세계〉는 라르고에 접어들고 있었다. 오보에의 애상적인 멜로디가 잔잔히 흘렀다.

집으로 가려네 나의 집으로,
어느날 조용히 집에 가려네.

그 길은 멀지 않네, 바로 저곳에
평화와 행복이 날 기다리네.

이제는 가려네 나의 집으로
그 길은 멀잖다, 바로 저길세.

나는 알약 두 개를 입 안에 넣었다. 또 두 개를 더 넣었다. 또다시 두 개를 목구멍 안으로 넘겼다.

이제는 지하의 문이 열리기만을 기다리고 있으면 된다.

드보르작의 북구풍北歐風의 애수는 멜로디를 타고, 내 마음 속에 소리 없이 파고든다.

눈이 조용히 감겨지기 시작한다. 한데, 숨은 가쁘지가 않다. 두 눈만 자꾸 졸려오는 것이다.

그렇지, 두 눈을 감기 전에 시를 한 편 써서 남겨야지, 시인은 마땅히 유서로 시를 써 남겨야 해.

"어마, 이 손님 봐. 다방에서 졸고 있네!"
레지의 말소리가 어렴풋이 들려온다. 아가씨여, 졸고 있는 것이 아니다. 영원한 잠을 청하고 있는 것이다. 부디 나의 잠을 깨우지 말아다오.
"손님, 누가 찾아왔어요!"
다시금 레지의 말소리가 들려온다. 그러고는 그녀의 손이 나의 어깨를 잡아 흔든다. 나는 픽 쓰러져야 할 텐데 쓰러지지가 않는다. 지하 계단을 밟고 내려가던 나의 발걸음이 문득 멈춰 서는, 그런 기분이었다.
그때,
"박 형, 여기 있었구려!"
하고 누가 말을 건네 온다. 굵직하고 낯익은 음성이다.
"이 다방엔 웬일이야?"
나는 눈을 번쩍 뜬다.
윤 형이었다. 윤 형의 빙그레 웃는 얼굴이 나의 시야에 가득 다가온다.
"여관에 들렀더니, 밖에 나가고 없더군 그래. 그래, 다방 몇 군데를 둘러보던 참이야."
"아, 윤 형! ……."

나는 얼른 주머니 속을 뒤져 보았다. 약봉지가 잡히지 않았다. 테이블 아래를 살펴보았다. 먹다 남긴, 내버린 약봉지 같은 것을 찾기 위해서였다.

보이지가 않았다. 한데 시를 쓰다 만 것 같은 종이조각은 내 앞에 놓여 있었다.

"박 형, 왜 그래? 무슨 일이 있었나?"

윤 형은 내 앞자리에 앉으며 의아스러운 듯 묻는다.

"아, 아니오. 아무것도 아니오!"

나는 고개를 설레설레 흔들었다.

"그렇지가 않은데……. 무슨 꿈에서 깨어난 것 같은 얼굴이야. 이 다방에서 시인 하나가 자살해 죽었는데, 그 망령이 들리기라도 한 것 같아!"

"글쎄, 그랬는지도 모르지요……."

나는 대답을 어물어물해 버렸다. 드보르작의 〈신세계〉는 지금 한창 경쾌한 스케르쪼가 연주되고 있었다.

"나도 〈신세계〉를 좋아했지. 헌데, 〈신세계〉의 제2악장은 나를 어디론지 자꾸만 끌고가려는 것 같아서 무섭단 말이야!"

그는 껄껄 웃었다. 마치 내 마음속을 빤히 들여다보고 있는 듯한 말투였다. 나는 아무 대꾸도 할 수 없었다.

"자, 비가 좀 그친 것 같으니까 밖으로 나가지."

나는 윤 형의 뒤를 따라 '왕궁' 밖으로 나왔다. 비를 품은 저녁 바람이 내 얼굴에 스쳤다.

6.

　그 해 여름은 유달리 무더웠고 지루했다. 축축한 습기가 담뿍 배인 열기 속에서, 하루하루 근근이 살아가는 것이 고작일 뿐이었다.
　전선은 중공군의 끈질긴 공세로 유착(謬錯) 상태에 빠져 있었고, 그것처럼 우리들의 마음도 뒤엉클어져 있었다.
　서울이 적에게 떨어진다던가, 그런 위험에 놓여 있는 것은 아니었지만, 작전구역 안에 있었기 때문에 비전투원은 도저히 들어갈 수가 없었다. 그래서 부산 피난살이에서 무엇인가를 붙들고, 그날을 살아갈 궁리를 해야만 했다.
　그런데도 전란의 상처와 암울한 마음은 가실 줄 몰랐다. 오후 녘이면 다방에 모여 앉았다가 남포동이나 광복동 뒷골목의 막걸리 집으로 전전했다.
　'담담', '녹원', 그리고 '르네상스'가 있는 골목에서 빠져 나와 미국공보원으로 가는 뒤꼍거리로 접어들면, 순대, 돼지머리, 곱창 따위를 파는 술집들이 즐비하니 늘어서 있었다. 그 어느 술집으로 들어가든, 들어가서는 막걸리와 안주 삼아 먹는 고기 몇 점으로 허기진 창자를 채우는 것이었다.

술값은 제 실력껏 얼마씩 낸다. 이것을 우리는 주주酒株라고 불렀다.

"오늘도 선심을 베풀어 주는 구세주는 나타나지 않는군."

"별 수가 없지, 주주 총회로 하는 수밖에."

이렇게 해서 다방 한 바퀴를 돌며 먼저 일어나는 사람은 대체로 윤 형이었다.

'윤 형의 음주가 요새는 탐주로 변해가는 것 같아……'

나는 은근히 걱정도 해보았다. 하긴, 이런 걱정은 꼭 윤 형에게만 해당되는 것은 아니었다.

우리 주변의 몇 문인들……. 우리들은 누구라도 그러지 않고서는 하루라도 못 견딜 것만 같았다. 말똥말똥한 정신으로는 숙소에 돌아가서 잠을 청할 수가 없을 것만 같았다.

부산이면 바다가 있는 항도港都다. 송도가 있고 해운대가 있다.

"우리 송도나 한번 가볼까?"

"아니, 해운대 해변에 가서 한나절 뒹굴어보는 것이 어때?"

우리들의 대화 속에 가끔 이런 말이 튀어나오긴 했어도 좀처럼 해운대나 송도를 향해 떠나 보지는 못했다. 회유어回遊魚처럼 광복동이며 남포동을 맴도는 것이었다.

세계 명가곡집과 세계 명가곡 아리아곡의 가사를 번역해 주고 얻은 돈으로 나는 여름 한 철을 그럭저럭 지낼 수가 있었으나, 생계에 대한 걱정도 은근히 위협적이었다.

내게는 일정한 직업이 없었다. 피난살이에서 글을 써 먹고 산다는 것이 얼마나 어렵다는 것을 뼈저리게 느꼈다.

"박 형, 그러지 말고, 점심은 말야 국제시장의 포장집으로 하세. 값도 싸고 괜찮아. 아무래도 점심 한 끼는 든든히 먹어 둬야 한단 말이야."

하는 시인 임인수의 제안이었다. 나는 그의 제안을 따르기로 했다.

또 임인수의 말인즉, 초량 산언덕바지에다 판잣집을 한 채 지으면 어떻느냐고 했다. 30만원이면 충분하다는 것이었다.

여관비가 떨어질 경우를 생각해서 그 제안을 따랐다. 초량동에 있는 산언덕에다 작은 판잣집도 장만했다. 그 후 이 판잣집은 임인수가 자주 이용하는 편이 되었다.

나는 돈이 좀 생기면, 계속 광복동 뒷거리의 여관집에서 잠을 잤다.

그렇게 지내면서 우리들의 지루하고 고달픈 그 해 여름은 서서히 지나가고 있었다.

어느 날, 여느 때처럼 오후 녘에 우리 몇이 '밀다원'에 모였다. 여기, '우리'라는 것은 아동문학가 몇을 말하는 것이다. 김영일, 임인수, 또 나도 포함해서 두셋이 항상 모이고 만나고 하는 편이었다.

내일 만나자는 어떤 약속이 있는 것도 아니었다. 하지만, 여름 하루해가 기울어지고, 그때가 되면 슬금슬금 얼굴들을 내미는 것이었다.

또 어느 다방이라고 정해진 바도 없었다. 내가 잘 다니는 '담담'이나, 그 건너편의 '녹원'이나, 아니면 '밀다원'에서 먼저 만나는 한둘이 죽치고 앉아 있으면, 절로 거기서 만나게 마련인 것이다.

'밀다원'이 그 중 문인들이나 또 다른 예술인들이 많이 모이곤 하던 곳이어서 인상에 남을 법하지만, 그렇다고 '밀다원'에서 빚어진 추억은 그리 행복스런 것만은 아니었다. 다방에 자주 나오는 사람들일수록 일정한 일터가 없는 사람이었고, 또 별로 볼 일이 없는 사람이었는지 모른다.

허나, 반드시 그랬던 것만은 아니다. 어떻게 용케들 일상을 꾸려나가는데, 저녁때가 되면 저도 모르게 만나고 싶어지는 그리움 같은 것이 있어, 우리로 하여금 다방으로 발걸음을 옮기게 한 것이었다.

역시, 제 살던 곳 서울을 떠나온 사람들이라서, 유랑민 아니면 이방인 같은 심정을 저마다 지니고 있었기 때문인지도 모른다.

아무튼 그날, 우리는 '밀다원'에 모여서 이러저러한 이야기를 나누다가, 누구의 입에선지 불쑥,

"윤 형이 나타날 때가 됐잖아?"

라는 말이 튀어나왔다. 우리가 모이는 술자리에 자주 함께 어울렸기 때문이었으리라.

"헌데, 요새 한 2,3일째 안 보이는 것 같았어."

내가 말했다.

"웬일이지?"

"날씨가 궂기 때문일까?"

"그 양반에게 날씨가 궂고 좋고가 있나? 이 남포동 거리에 안 나타나고는 못 배기는 성민데……."

그때, 또 다른 누가

"윤 형이 요새는 대신동에 가끔 찾아가 신세를 진다면서요?"

하고 김영일에게 묻는다.

김영일은 그즈음 대신동에 셋방을 하나 얻어 살고 있었다.

용두산 기슭 판잣집 단칸방에 식구랑 함께 살고 있던 윤 형은 거의 제 집으로 들어가는 일은 없었던 듯싶었다. 떠돌아다니며 아무곳에서나 자기 일쑤였다. 그래서 김영일의 대신동 셋방 집에서도 자주 찾아가서 밤을 지내곤 한 모양이었다.

"헌데 말이야. 그러고 보니까 윤 형이 내 집에도 요 며칠 동안은 전혀 안 나타났는걸……."

하고 김영일 씨도 고개를 갸우뚱한다.

"윤 형 신상에 무슨 일이 생긴 거 아냐?"

"설마, 붙들려간 것은 아니겠지."

그 여름은 군경 합동의 불심검문이 자주 있었다. 더욱이 광복동이나 남포동 거리에는 모퉁이마다 지키고 서 있는 군경들을 늘 볼 수가 있었다. 제2국민병 소집이 심할 무렵이었기 때문이었다.

"불심검문에 걸렸으면, 또 〈민족의 노래〉를 내세우면 될 거 아냐. 한 곡조 뽑든지……."
하고 누가 말해서 우리는 웃었다.

훨씬 전의 일이었다. 윤 형이 헙수룩한 군복에다 군화까지 신고 거리를 쏘다닐 때였는데, 어쩌다가 불심검문에 붙들렸다.

"신분증 좀 봅시다."
군경 합동반은 그를 도망병으로 본 모양이었다.
"신분증이 없는데요"
그는 거침없이 대답했다. 마침, 공군본부 정훈국에서 발급한 전시음악가 협회 회원증을 잃어버렸던 것이다.
"신분증이 없다니, 이상한 사람 아니오?"
"신분증이 없으면 이상한 사람이오?"
하고 윤 형이 대꾸했다. 이렇게 대담하게 나오는 것을 정말 이상하게 여겼던지, 헌병이
"무얼 하는 사람이지요?"
하고 물었다.
"나요? 윤용하요. 음악가란 말이오!"
"음악가요?"
"그래 우리나라 헌병이 윤용하도 모르오? 〈민족의 노래〉

알지요? 그 〈민족의 노래〉를 작곡한 윤용하가 바로 나란 말이오."
 그제서야 헌병은 고개를 끄덕였다. 무엇인가 납득이 간다는 듯이.
 "아 그렇군요. 그런데 군복은 염색을 해서 입어야 합니다. 그리고 신분증을 가지고 다니십시오."
 한결 누그러진 말씨였다.
 "종군음악가라고 공군 정훈국에서 군복도 내주고 신분증도 내줬는데, 신분증은 잃어버렸소."
 "그럼, 어서 신분증을 재발급 받도록 하십시오. 검문을 자주 겪게 되니까요……."
 그 헌병은 의외로 친절했다.
 "예, 그렇게 하지요. 수고하십시오."
 그때, 그 검문에서는 윤 형은 무사했었다.
 그 이야기를 전해들은 친구들은,
 "전시에 신분증도 없이 어떻게 나다닐 수가 있다고 그러시오?"
 "그래도 음악을 아는 헌병을 만났기 다행이지, 떼갈 뻔했군 그래! ……."
하고, 웃어들 댔다. 윤 형은 아무 말 없이 히죽 웃었다는 것이다. 그의 순박한 성격의 한 단면을 엿볼 수가 있었다.
 하긴 〈민족의 노래〉는 그의 대표작이라고도 할 수 있는 널리 불려지는 국민가요였다. 그러나 전란 중에 그 노래를 가지고 신분증으로 대신할 수는 없는 노릇이었다.

"아니야, 그 후 윤 형은 신분증을 재발급 받았다던데……. 불심검문에 걸려든 것은 아닐 거야……."

하고 누가 말했다.

"그럼, 어째서 며칠째 안 나타난다는 거지?"

"글쎄, 모를 일인데……."

"하루라도 술 안 마시고는 못 배기는 성민데……."

"그야, 딴 데서 딴 사람들 하고 어울릴 수도 있는 거 아냐?"

"그건 그렇지만, 그가 남포동에 얼씬도 안 한다는 건 아무래도 이상하단 말야."

"실종된 것이 아닐까?"

"실종?"

"윤 형의 행방을 우리가 모른다면 실종이랄 수도 있지, 안 그래……?"

하고 김영일은 자못 심각한 표정이었다.

그동안, 날씨도 사뭇 궂은 편이었지만 오늘은 활짝 개었다. 그리고 보면 어쩐지 윤 형이 느닷없이 불쑥 나타날 것만 같았다.

내게는 그런 생각이 들었다.

"오늘은 나타날지도 몰라요. 좀 기다려 봅시다."

내가 말했다. 모두들 고개를 끄덕였다.

윤용하가 술을 좋아한다는 것은 사실이었다. 술을 날마다 마시다시피 했다. 늘 그는 거나하게 취한 얼굴로 나타날 적도 많았다.

또 술자리에 끼이게 되면 끝장이 날 때까지 눌러앉아 있었다. 확실히 그가 탐주가라는 말을 들을 법한 일이었다.

왜 그가 그토록 술을 좋아했을까? 이제는 구제할 수 없도록 타락했기 때문일까? 아니면, 인생을 포기해버린 자포자기에서였을까? 또 그것도 아니라면, 술에 취하지 않고서는 못 배기는 크나큰 고민을 가슴 속에 안고 있었을까?

전쟁의 와중에서는 누구에게나 고민이 없을 수가 없었다. 그 고민을 달래기 위해 술을 마실 수 있는 것이다.

그러나 그의 탐주벽에는 이런 대답이 해당되지는 않는다.

그렇다고 그가 무턱대고 술을 퍼마시는 것은 아니다.

어느 시인이 말했듯이,

"윤용하는 술을 마시는 것이 아니라 인생을 퍼마시는 것이다."

흠뻑 취한 상황 속에서 삶의 의미를 추구하려, 또는 참삶의 실마리를 찾아보려 몸부림을 치고 있는 것이었다.

그가 술에 거나하게 취했을 때 멍한 두 눈망울로 허공을 바라보는 것은, 그것이 허공이 아니라, '나를 배신한 진실'이었다. 모든 삶의 가치가 그에게서 자꾸 떠나려 하는 것을, 그는 눈물겹도록 붙잡으려 허위적거리고 있었던 것이다.

어떻게 보면, 그는 인정에 목말라 있었다. 이러한 삶의 절망 속에서 거의 손을 잡아 이끌어 주는 인정의 손이 그리웠던 것이다. 그래서 그는 헤매고 쏘다니는 것이었다.

그는 예술의 고아였다.

그 외로움의 쓰라린 가슴을 술로 불태우려 한 것이었다.

이러한 중에, 그에게 삶의 의욕을 붙들어 준 것은, 가냘프지만 끈질긴 신앙의 힘이요, 어린이에 대한 애착이었다. 윤 형은 이 무렵에 음악하는 사람들보다는 우리들 아동문학가들과 자주 어울렸다. 그때 아동문학가들의 수란 손꼽을 정도로 몇 안 되었다. 몇 안 되니까 거의 매일같이 만날 수 있었고, 그때마다 윤 형은 스스럼없이 우리들의 술자리에 끼어 앉았다. 그는 마음속으로, 어린이를 위해 뭔가를 해야겠다고 벼르면서 우리에게 접근해 온 것인지도 모른다.

그런 내 생각이 그날 조금은 들어맞은 셈이었다.

좀 있으니까,

"야아! 여기들 앉아 있었군 그래. 김형이랑, 화목 형이랑……. 몇 군데 찾아다녔지."

하고 큰 소리로 말하면서 윤 형이 들어왔다. 만면에 활짝 웃음을 띠고 있었다.

"나타날 줄 알았어."

"오늘은 주주총회가 아니오. 오늘은 내가 한 잔 사지요. 나 갑시다!"

그는 앉지도 않고, 그대로 발길을 돌린다.

윤 형은 다방에 들어와도 별로 커피를 마시는 편이 아니었다. 커피라 싫어서가 아니라. 술을 마시기 위해 그 돈을 아끼는 것이었다.

윤 형이 한 잔 산다는 말에, 우리는 서로 얼굴을 쳐다보았다.

그는 실없는 사람은 아니다. 산다 하면 사는 사람이다. 금액의 다소는 차치하고서라도, 오늘 한 잔 산다니까 놀랄 일이기도 하지만, 며칠 못 만났다가 만나니까 반갑기도 한 노릇이었다. 게다가, 혹시 실종되지나 않았을까 하고 걱정들을 하고 있던 참이 아니었던가.

우리는 줄레줄레 자리를 떠 거의 뒤를 쫓아 다방 문을 나왔다.

남포동의 번잡한 행길에는 어느 새 어둠이 내리기 시작하고 있었다.

7.

"국제시장 쪽으로 갑시다!"
"아무데로나……."

광복동 네거리에서 국제시장 쪽으로 빠지는 뒷골목에 싸구려 술집이 즐비하니 있었다.

우리는 그 한 집으로 들어갔다. 작은 방 안에 빙 둘러 앉았다. 대여섯 명이 앉으면 꽉 차는 방이었다. 퀴퀴한 냄새가 코를 찔렀다. 그래도 방 안에서 무릎을 대고 먹는 것이 오순도순해서 기분이 좋다.

"술은 막걸리루 하구……."

"막걸리가 좋아요."

"소주는 흙냄새가 난단 말이야……."

"안주는 우선 감잣국……."

"아니야, 오늘은 곱창도 구울 수 있어요. 허파로 하든지……."

윤 형이 말한다. 사뭇 크게 나온다. 우리는 다시 얼굴을 마주 쳐다본다.

"이러지들 말아요. 쥐구멍에도 볕들 날이 있다는 속담도 있지 않소."

"그런 속담이야 있지. 그렇다고 윤 형이……."

"조금은 술값이 생겼지요. 그리고 오늘 모임의 취지를 말씀드린다면……. 아, 그럼 우선 한 모금씩 들이켠 후에……."

"아, 어서 손쉬운 감잣국에다 막걸리부터 들여보내 주세요!"

하고, 누가 소리를 지른다.

막걸리 주전자와 술국이 들어왔다. 우리는 감잣국이라 하지만 이것저것 잡탕으로 끓인 뚝배기 술국이다. 뜨끈한 것이 우선 허기진 창자를 데우는 데는 안성맞춤이다.

하얀 막걸리를 한 사발씩, 모두 한숨에 마신다.

막걸리는 윤 형이 제일 맛있게 기분을 자아내며 마신다. 한 숨에 들이켜되 약간은 흘리면서 입 안에 흘려 넣어야 막걸리격이 되는 것이다.

한 사발씩 들이켜고 났을 때, 그는 정색을 하며 입을 연다.

그가 정색을 하는 품이 좀은 쑥스럽기도 하고 우습기도 하지만, 새삼 그동안 무슨 일이 있긴 있었구나, 하는 것을 생각하게끔 하는 것이었다.

우리는 떠들썩한 분위기를 진정시키며 귀를 기울였다.

"아동문학가 여러분도 이제는 뭐 좀 할 때가 왔소."

느닷없이 이 말이었다.

"언제는 뭐 안 했소?"

누가 농담 삼아 말을 받았다.

"나를 위해서 말이오. 이 윤용하를 위해서 뭘 좀……."

"그게 뭔데요?"

"어려운 일 아니요. 결코! ……."

"어서 말을 계속해 봐요!"

"동요·동시를 써달라는 말이오, 동요·동시를 써 주시면, 내가 정성껏 작곡을 하겠소."

"바로 그 얘기로구나!"

하고 누가 말해서 한바탕 폭소를 터뜨렸다.

윤 형은 말을 계속했다.

"우리 어린이들이 부를 노래가 많아야겠어요. 그런데 노래가 없어요. 내가 여러분을 따라다니는 것은 실상인즉 동요·동시를 얻기 위해서지요. 고료는 내가 못 얻어드리지만, 그 대신 작곡만은 맘에 들도록 하겠소."

"작곡이 맘에 안 들면 어떡허지?"

누가 또 우스개 말을 했다.

"맘에 들 거요. 아니 꼭 마음에 들도록 노력하겠소. 오늘 내가 없는 돈에서 막걸리를 한 잔 사는 것도 이 때문이오. 자, 한잔씩 더 듭시다!"

다른 막걸리 주전자가 들어와 한 사발씩 가득히 부었다. 그리고 잔을 부딪치면서 마셨다.

"세상에 공것 없다고, 암! ……."

하고, 또 다른 누가 우스개 말을 했다. 우리는 유쾌하게 웃었다. 그리고 떠들썩하니 지껄여대기 시작했다.

그 때 김영일 씨가,

"윤 형, 어째서 노래를 많이 만들어야겠다는 생각을 가지게 됐지?"

하고 물었다.

윤 형은 피식 웃는다.

"실상은……."

하고 뒷머리를 벅벅 긁는다. 그가 겸연쩍어할 때 늘 나오는 버릇이다.

"실상은 뭔데?"

"오늘 내가 어린이 합창단을 만들었단 말이오……."

"어린이 합창단?"

"응 '대한 어린이 합창단' 이라고 이름을 붙였지, 천주교에서 장소를 빌려 줬지요."

"잘 만들었소."

"연습 장소는 천막 안이지만, 어린이 50명이 모였거든."

나는 언제인가, 그가 중고 천막을 보러 국제시장을 찾아가던 것을 생각해 내었다. 그러고 보면, 이 일은 훨씬 전부터 꿈꾸어오던 것인 듯싶었다.

"어린이 합창단을 만들고 보니까 노래가 필요해졌단 말이에요. 나는 가곡도 가곡이지만, 동요작곡을 더 좋아한다 이 말입니다. 여러분이 동요를 써 주시기만 하면, 죄다 작곡할 셈이오!"

"그러고 보니까, 이번엔 우리가 '대한 어린이 합창단' 의 탄생을 축하하는 자리를 만들어야겠소!"

이내 추렴이 시작되었다. 술상이 다시 벌어지고 곱창구이며, 다른 안주가 들어왔다. 그러고는, 우리는 왕창 술을 마시며 떠들어댔다. 밤이 깊어가는 줄도 몰랐다. 오랜만에 흐뭇한 자리였던 것이다.

'윤 형은 그저 술만 마시며 허송세월 하는 것이 아니었구나.'

이런 생각이 들어, 나는 그를 다시 보게 되었던 것이다.

그리고 그 일이, 피난생활의 나태해지기 쉬운 정신적 위기에서 우리를 얼마만큼은 자극시켜 주었다고 볼 수 있었다.

그런 일이 있은 후, 김영일은 20여 편의 동요·동시를 써서 윤 형에게 작곡하도록 주었고, 전시동시집을 펴내기까지 했다. 〈피난 온 소년〉 등 훌륭한 노래들이 그때 많이 지어졌던 것이다.

아빠 따라 천리 길 머나먼 길을
봇짐 지고 타박타박 피난 온 소년.

오늘은 어디까지 쳐나갔나요
묻고 묻고 하늘 보는
피난 온 소년.

우리들은 다 같은 단군의 자손
서로서로 도와주자, 피난 온 소년.

머지않아 이 땅에 평화는 온다
씩씩하게 싸워라
피난 온 소년.

물론 이 시는 6·25전란이 배경으로 깔리고, 피난민의 애수를 소년을 통해 나타내고 있다. 김영일이 아끼는 대표작 중 하나가 되고 있다.

나도 〈눈 온 날 아침〉 등 몇 편의 동시를 주었다. 〈눈 온 날 아침〉은 당시 부산 피난지에서 발간된 어린이 잡지 《새벗》에 발표된 것인데, 윤 형이 아름다운 곡을 붙여 많이 불려지는 노래가 되었던 것이다.

아무튼 그가 '대한 어린이 합창단'을 만들고, 동요를 지어 이들 어린이 합창단에 가르치고 또 발표하려 한 것은, 혼돈한 중에 무엇인가를 붙잡으려는 영혼의 몸부림이었던 것이다.

그날 밤, 우리는 모두 유쾌했다. 또 예전에 없던 흐뭇한 심정이었다. 술이 취할 대로 취했다.

밤도 어지간히 깊어 통금이 가까웠을 때 술집을 나왔다.

대신동 쪽으로 나가는 샛길에 들어서니까, 달빛이 비치고 있었다. 하얀 달빛은 우리들의 비틀거리는 발걸음의 앞을 조용한 미소를 머금고 아낌없이 비쳐 주고 있었다.

다음날.

오후녘에 나는 윤 형이 천막을 쳤다는 대신동 부근의 천주교회를 찾아갔다.

'대한 어린이 합창단'을 만들었다는 것이 더없이 대견하면서도 한편으로는 궁금하기 그지없었다.

천주교회당을 찾는 일은 그리 어렵지 않았다. 성당 뜰에 들어서니까, 아닌 게 아니라 마당 한 쪽에 다 낡은 천막이 하나 덩그렇게 서 있다.

무슨 짐짝을 쌓아 놓고 덮어씌운 천막같이 보였다.

'윤 형이 세웠다는 천막이 저것임에 틀림없다!'

하고 나는 생각하면서 그쪽으로 발걸음을 옮겼다.

조금 걸어가자니까, 천막 안에서 노랫소리가 들려왔다. 어린 아이들이 부르는 노래였다. 그것도 2부 합창으로 화성을 맞추어 부르는 노래가 아닌가.

오르간 소리도 들려왔다.

비록 초라한 천막이지만, 그 안에서 흘러나오는 어린이들의 노래 소리와 오르간 소리는 더없이 아름답고 평화스러웠다.

나는 발자국 소리를 죽여가며 조심조심 천막 쪽으로 다가갔다. 그리고 천막 바깥에 한참 동안 서 있었다. 이 평화로운 분위기를 깨뜨리고 싶지 않아서였다. 좀 있으니까, 노래 한 곡조가 끝나고, 윤 형의 말소리가 들려왔다. 노래에 대한 이야기를 어린이들에게 들려주는 듯싶었다.

나는 천막의 찢어진 구멍으로 안을 슬그머니 들여다보았다.

한쪽에 조그만 오르간 한 대를 놓고 그 앞에 그가 앉아 있었다.

오르간을 마주하고, 여기저기 빈 나무상자 같은 궤짝이 놓여 있는데, 그것을 걸상삼아 아이들이 앉아 있었다.

아이들은 40명도 더 되어 보였다. 여자아이가 많고, 남자아이도 열두어 명 있었다. 모두 열한두 살 그 또래의 꼬마들이었다.

'저 어린이들 중에는 피난 온 아이들도 적지 않으리라……'
그런 생각이 들자, 내 눈에는 금세 눈물이 핑 돌았다.

아무튼, 전시중에 어린이들을 모아놓고 노래를 가르치고 있는 그 정경은 정말 눈물겨웠던 것이다. 비록 초라한 천막 안이지만, 지금 이 어린아이들이 모여서 노래를 배우고, 또 부르고 있는 그곳이 '거룩한 땅'인 것처럼 생각되었다.

늦여름의 볕은 뜨거웠다.

나는 마당 한쪽의 나무 그늘로 가서 아무렇게나 주저앉았다.

노래 연습이 끝날 때까지 밖에서 기다리자는 생각에서였다.

또다시 노랫소리가 들려오기 시작했다.

느린 4분의 3박자의 노래였다. 첨엔 음정으로 불러서 대충 멜로디만 이렇게 알아들을 수가 있었다.

"쏠 쏠 도레, 미 쏠쏠, 라라 도라 쏠—."

그런 다음 노랫말을 붙여 부르는데, 그 노래는 다름 아닌, 김영일 형의 〈피난 온 소년〉이었다.

〈피난 온 소년〉의 노랫말은 그 전에 그 작품을 읽은 적이 있어서 나도 알고 있었다.

지금, 저 천막 안에 모여 있는 어린이들이 〈피난 온 소년〉의 노래를 부르고 있는 것이었다. 그 노래를 들으면서 입 속으로 가만히 나도 따라 불렀다. 어느 새 저 어린이들 틈에 나도 끼여 노래를 부르고 있는 한 어린이가 되어 있었다.

8.

불현듯 나는 매우 죄스러운 마음이 들었다.
남의 비밀스런 방을 몰래 엿보고 있는 듯한 그런 기분이 들었다.
신랑 신부가 사랑의 신방을 꾸미고서 아무도 모르는 조용한 경사를 나누고 있는 그 정경을 몰래 훔쳐보면서 야릇한 쾌감을 경험하는 그런 악마 같은 짓을 내가 감행하고 있다고 생각했다.
'찾아왔으면 찾아왔다는 기척을 알려야 할 것이 아닌가. 천막 안에 들어가서 기다리기로 할까?'
나는 천막의 출입구를 찾아보려 했다. 그러나 막상 발걸음을 옮기려다 다시금 주춤하니 섰다.
저 아름답고 순한 분위기를 무단한 침입侵入으로 인해서 차마 깨뜨려버릴 수가 없었다.
'좀 있으면 끝나겠지. 여기서 그냥 기다리자.'

멀리 거리의 소음은 여기서는 꿈결만 같이 들렸다.

또 다른 노래가 시작되었다. 그리고 또 다른 노래가…….

얼마나 지났을까. ……

갑자기 왁자지껄해지더니 조무래기 아이들이 천막 밖으로 뛰쳐나왔다. 노래 연습이 끝난 모양이었다.

천막 밖으로 조잘대며 나오는 어린이들의 얼굴에는 한결같이 웃음빛이 꽉 차 있었다. 그리고 그 눈동자들은 샛별같이 반짝였다.

노래란 저렇듯 즐거운 것일까? 노래를 부르면 슬픔도 괴로움도 잊을 수가 있는 것일까?

문득 예전에 어느 책에서 읽은 동화가 떠올랐다.

옛날 어느 곳에 두 나라가 있었고 두 임금이 살았다. 그런데 두 임금의 사이가 좋지 않아 싸움이 일어나게 되었다.

두 나라의 백성들은 임금을 위해 싸움터에 나갈 수밖에 없었다. 그러나 서로 다른 나라의 백성들을 다치게 하고 싶지 않았다. 어떻게 싸움을 피할 수 있는 방법이 없을까 생각한 끝에 기묘한 무기를 서로 발명했다.

이쪽 나라에서 저쪽 나라를 향해 포탄을 몇 방 쏘았다. 그런데 그 포탄이 터지자 화약 냄새 대신 이상한 향기를 품은 하얀 연기가 퍼지면서 코를 자극시켰다. 그러자 싸움터에 나온 병사들은 일제히 웃기 시작했다. 서로 손을 붙잡고 둥실둥실 춤을 추면서 활짝 웃는 것이었다.

이쪽 나라를 미워하는 미움이 싹 가셨다. 그렇게 되니까 도저히 싸울 수가 없게 되었다.

한편 저쪽 나라에서도 동시에 이상한 포탄을 쏘아 보냈는데, 포탄이 터지자 그 속에서 노래 소리가 울려나왔다. 그 노래를 들은 이쪽 병사들도 저도 모르게 함께 노래를 부르게 되었다.

노래를 부르다 보니까 이 싸움터에 무엇하러 나왔는지 그 목적을 까마득히 잊고 말았다.

싸움터에는 난데없이 즐거운 웃음소리와 즐거운 노랫소리만이 끝없이 번져나갔다.

두 나라 임금이 똑같이 싸움터에 나와 보니까 싸우라고 내보낸 병사들이 모두 이 모양이었다.

아니, 병사들은 자기가 병사라는 것을 내던져버리고 모두 마음 착한 백성들로 돌아와 있었다.

이 모양을 본 두 나라의 두 임금은 똑같이 깨달았다.

'아, 싸움을 일으킨 내가 나빴구나.'

'아, 다른 임금을 미워한 내가 잘못했구나!'

그래서 두 임금은 마음으로 깊이 뉘우치고 다시는 싸우는 일이 없이 평화롭게 살았다는 이야기였다.

저 좁은 천막 안에서라도 음성을 모두어 즐거이 노래를 부르고, 또 웃음꽃을 활짝 피우면서 뛰쳐나오는 티 없는 어린 아이들을 바라보면서 나는 이런 우화를 생각하고 있었다.

그때 가까이서 윤 형의 컬컬한 목소리가 들려왔다.

"박 형! 이 사람아! 찾아왔으면 들어오잖구……."

나는 얼른 대꾸를 못했다.

"여기서 오래 기다렸소?"

그의 큰 두 눈이 나를 바라보면서 적이 미안쩍어 했다.

"아니오."

나는 웃음을 보이면서 머리를 저었다.

"자아, 보시라구! 이것이 알량한 내 음악교실이야. 하긴 들어와서도 더워서 못 배길 거요."

"그런 것이 아니구……. 윤 형이 어린아이들에게 열심히 노래를 가르치는 것을 보자니까 나도 모르게 엄숙해지더군. 그래서 밖에서 노래를 듣고 있었지요."

"첨이라서 아이들의 노래가 아직 서툴지요. 하지만 열심히 배우려 하니까 곧 나아지겠지요."

"아니오, 잘 부르던데요. 어느 노래는 2부 합창으로 해 내던데……."

"가을쯤에 발표 음악회를 가져볼까 해. 부산 극장은 오전 중에는 빌릴 수가 있다더군요. 아이들이 열심히 배워 주고 또 불러 주니까 나도 의욕이 생겨요. 또 동요를 많이 써 줘서 내가 계속 작곡하고 있지요. 김영일 씨는 20편이나 더 줬소. 전시동시집을 낸다구 많이 써 두었던 것 같아. 박 형도 동시나 동요를 많이 써서 내게 좀 주시오. 박 형 것이라면 내가 얼마든지 작곡할 테요. 그건 그렇구…….”

"써지는 대로 드리지요."

"그건 그렇구, 내가 왜 어린이 합창단을 만들어야겠다는 생각이 들었는지 아시오?"

내가 듣고 싶었던 이야기였다. 실상 오늘 이 천막교실을 찾아온 것도 윤 형의 그 동기를 탐색하고 싶어서였는지 모른다.

"윤 형, 사실인즉 나도 그것이 궁금했던 참이오."

"천막 안으로 들어갈까? …… 아니야, 밖이 더 시원할 거야. 저쪽 그늘에 가서 이야기 좀 나눕시다."

"그러지요."

우리 둘은 나무 그늘로 천천히 걸어갔다. 저녁녘에 접어들자 이곳은 다소 등성이진 곳이어서 바다 쪽에서 신선한 바람이 불어왔다.

나는 그늘진 곳의 아무 곳에나 앉았다. 윤 형도 따라 앉으려 하다가 갑자기 무슨 생각이 떠올랐는지,

"박 형, 잠깐만 기다리시오. 내가 박 형께 뵈어드릴 것이 있소!"

하고 천막 안으로 다시 바삐 들어간다.

나는 내가 쓴 동시에다 작곡을 붙인 것을 보여 주려니 생각했다. 한데 그가 손에 들고 나온 것은 원고용지였다. 원고용지에다 연필로 무엇인가를 적은 초고였다.

"박 형, 내가 원고를 써 봤지."

하고 그는 멋쩍은 듯 피식 웃는다.

"무슨 글을 썼는데요?"

"요새 내가 느낀 심정이랄까……. 아니 이건 훨씬 전에 긁적거려 뒀던 건데 박 형에게는 꼭 읽어봐 달라고 부탁하고 싶었소."

"지금 읽어 보지요."

"이거 원 부끄러워서……. 역시 난 글을 쓴다는 건 잘 안 된단 말이야. 하지만 내 뜻은 알 수 있을 거요."

"글이란 말하고 싶은 의미를 정확하게 전달할 수 있으면 그것으로 족한 것이 아니겠소?"

나는 윤 형의 원고를 받아 들었다. 아닌 게 아니라, 윤 형이 쓴 산문을 읽기는 이것이 처음이었다.

원고지에다 연필로 또박또박 쓴 글이었다. 윤 형이 술을 먹을 때 취하는 그 자세와는 사뭇 달랐다. 초등학교 어린이처럼 너무 정직하게 쓰는 글씨인 듯싶었다.

내게 글을 보인다는 것이 아무래도 겸연쩍은 듯 옆에서 피시시 웃으면서

"이런 글을 무슨 글이라 할까, 박 형?"

하고 말을 건넨다.

"글쎄, 느낀 바를 적었다면 수필 글이라 할 수 있지요."

하고 내가 말했다.

"참 그렇겠군요. 읽으면서 흉보지나 마소!"

"흥을 보다니요? 읽어 봅시다."

나는 원고용지 위로 시선을 더듬고 있었다. 묵독으로 읽어 내려갔다.

어린이를 위한 동요를 많이 작곡해야겠다는 것을 뼈저리게 느꼈다. 근래에 와서는 더욱더 그런 생각이 들었다. 우리나라의 어린이들은 노래가 없다. 마땅한 노래가 없다. 노래가 몇 곡 있기는 해도 일제시대 때 만들어진 것이 대부분이다.

부산에 와서 더욱 느껴진 것이지만 어린이들이 학교에서나 길가에서 일본 민요인 '사쿠라, 사쿠라……'를 부르면서 줄넘기를 하는 것을 목격할 수 있다.

또 부산 거리나 가정에서 귀에 거슬리게 들리는 것이 어린이의 이름까지도 사부로(二郞)야, 다로로(有郞)야, 우메코(梅子) 짱 등등, 일본 이름을 그냥 부르는 애기 어머니들의 말버릇이다.

끝으로 나는 우리나라 작곡가들이 좀더 동요작곡에 힘을 기울였으면 한다. 동요를 작곡하는 것이 작곡가로서 명예가 떨어지는 듯이 생각하는 사람들이 있는데 이것은 큰 잘못이다. 우리나라 작곡가가 우리나라 어린이들을 모른다면 누가 알 것인가? 좋은 곡을 한 곡이라도 속히 만들어서 그들에게 들려주자.

우리는 하루하루 늙어가지만 어린이는 하루하루 자라나고 있다.

이것이 우리들의 일부분의 사명이며 임무인 것을 잊어서는 안 될 것이며 동시에 동요는 꿈이 깃들어 있는 예술품이라는 것을 부인해서도 안 된다. 이것이 곧 민족음악의 자그마한 하나의 꽃봉오리가 되어 가고 있는 것이다…….

대충 아직 정리가 덜된 이런 뜻의 초고草稿였다.

나는 이 글을 읽고 나서 윤 형이 동요에 정성을 부쩍 쏟게 된 까닭을 새삼 알게 되었다. 그가 우리 아동문학가들과 술자리에서 자주 어울리게 된 것도 결코 우연한 일이 아니었던 것이다.

"윤 형이 이 나라 어린이를 생각하는 마음이 이렇게 깊은 줄은 몰랐소."

하고 내가 말했다.

"박 형, 글이 됐소?"

하고 윤 형은 겸연쩍어 할 때 늘 보이는 버릇으로 피시시 웃었다. 하지만 나는 자못 심각한 얼굴이었다. 나는 지금 진실을 말하고 있다고 생각했다.

"글이 잘 되고 안 되고 그 여부보담 솔직히 말해서 나는 감동했단 말이오. 우리 아동문학가도 전시 어린이들에 대한 문제를 깊이 생각지 못했다고 해야 바른 말일 거요. 그런데 윤 형은 이렇듯 어린이 문제로 고민하고 또 그 문제를 해결하기 위해 실천하고 있으니 머리가 수그러질 뿐이오. 이 천막교실만 해도 그렇지요. 다른 사람에게는 아무것도 아닌 것처럼 보일지 모르나 이게 쉬운 일이오?"

나의 말소리에는 나도 모르게 흥분이 섞여 있었다.

"하기는 쉬운 일은 아니었지요. 중고 천막 값이라도 내게는 적지 않은 돈이었으니까……."

"우리가 술을 덜 먹고서라도 윤 형의 이 일을 도와야 하는 건데……."

"아니야, 술은 먹어야 돼요! 술은 우리의 삶을 불태우는 것이니까."

하고 윤 형은 파안대소했다. 그리고

"부산에 사는 어린이들이 줄넘기를 하면서 일본 노래를 불렀다는 말은 사실이야. 내가 목격했거든, 그때 엉뚱한 곤욕을 치를 뻔도 했지."

하고 말했다.

"엉뚱한 곤욕을 치를 뻔했다니, 무슨 일이었는데?"

"웃기는 일이었어. 내가 그렇게 안 보였나 싶어 서글퍼지기도 하더군."

"무슨 일이었는데 말이오?"

"내가 이야길 들려줌세."

나는 귀를 기울였다.

"벌써 오래 전이오. 용두동 골목길을 걸어 내려올 때였지. 골목길에서 어린 소녀들 몇이 줄넘기를 하며 놀고 있었거든……."

하고 그는 다음과 같은 이야기를 내게 들려주었던 것이다.

초여름 어느 날 아침녘이었다.
그는 용두산 산허리에 다닥다닥 붙어 있는 판잣집들 사이의 골목길을 걸어 내려오고 있었다.
그때 골목길 저만치서 줄넘기를 하며 놀고 있는 어린 여자아이들을 보았다.
그는 그곳을 지나치려다가 잠시 걸음을 멈추었다. 열 살 그 또래의 귀여운 여자아이들이 놀고 있는 모양이 너무 사랑스러워 걸음을 멈추었던 것이다. 귀여운 어린이들을 보면 그냥 지나치지 못하는 것이 그의 성미였다.
그런데 또 하나 다른 이유가 있었다. 그 어린 여자애들이 줄넘기를 하면서 부르는 노래를 그는 들었기 때문이었다.
"아니, 저 노래는?……."
분명히 일본 노래였다. 일본의 민요인 〈사쿠라〉였다.
〈사쿠라〉는 벚꽃나무를 말하는 건데 이 나무를 노래 부른 일본의 전통적인 민요였다.
그것도 노랫말까지도 그대로 일본 가사였다.
"사쿠라, 사쿠라……."
그런 노래를 저 귀여운 어린 여자애들이 줄넘기를 하면서 아무렇지도 않게 즐겁게 노래 부르는 것이 아닌가?
그는 아연실색했다. 저 일본 민요를 열 살밖에 안 되어 보이는 어린이들이 어떻게 익혀서 노래 부를 수 있게 되었을까? 어린 나이이고 보면 해방 전에 배웠다고는 도저히 생각할 수가 없었다.

그렇다면 해방 후에도 일본 노래가 이 땅에 계속 남아 있었다는 이야기밖에 안 된다. 더욱이 부산은 일본 땅과 가깝기 때문에 그럴 가능성이 많았다.

헌데, 저 어린 여자애는? 본래부터 부산서 태어나고 살아온 아이였을는지 몰라도 서울서 피난 온 아이도 섞여 있을 것이 분명했다. 아직 남아 있는 일본 노래를 어느새 배워 가지고 노래 부르게 된 것이 분명했다.

'해방된 지 벌써 5년이 지났고 우리나라는 지금 공산주의자들과 피비린내 나는 싸움을 하고 있지 않는가. 헌데 일본 노래가 아직 이 땅에 남에 있고, 그 일본 노래를 어린이들이 부를 줄이야! ……'

통분할 노릇이었다.

그는 여자애들에게 다가갔다.

"애들아!"

하고 말을 건넸다. 여자애들은 줄넘기를 멈추었다.

"네, 아저씨? ……"

한 여자애가 대답했다. 다른 애들도 모두 그의 얼굴을 빠끔히 쳐다본다.

"너, 그 노래 어떤 노래인지 아니? 지금 줄넘기를 하면서 부른 노래 말이다."

그는 웃음을 보이며 말했다.

"노래예요!"

"줄넘기 노래지 뭐예요, 아저씨."

여자애들의 대답이었다.

"줄넘기할 땐 이 노래를 부르니?"

"그럼요, 딴 애들도 다 불러요."

"애들아, 이 노래는 말이다, 일본 노래야."

"일본 노래예요?"

"그렇다, 너희들은 일본 노래인 줄 몰랐니?"

"우린 그런 건 몰라요."

어린 여자애들은 영문을 모르겠다는 듯이 이상한 표정을 짓는다.

그렇다. 이 어린아이들이 모르는 것은 당연하다. 일본어의 노랫말을 부르면서도 그 뜻이 무엇인지 모르고 부르는 것이다. 아무도 일본 민요라는 것을 알려 주지 않았기 때문이다. 어떻든 노래이니까 불렀으리라.

그런데, 일본 민요가, 일본 노래가 어째서 아직 나돌아 다닐까? 어린아이들이 뭔지 모르고 일본 노래를 부르는 것을 내버려 두었을까?

이것은 어른들의 무관심에서였다. 어른들의 잘못인 것이다. 어린아이들은 줄넘기를 하면서 부를 마땅한 우리의 노래가 없으니까 아무 노래나 듣는 대로 따라 부르게 마련인 것이다.

'이러한 문화현상은 크게 잘못되어 있는 것이다. 부지불식간에 어린이의 의식구조에 잘못을 저지르고 있는 것이다…….'

하고 그는 생각했다.

그가 다시 어린 여자애들에게 말을 건넸다.

"애들아, 이 아저씨가 말이야, 줄넘기 노래를 지어주면 그 노래를 부르겠니?"

"아저씨, 노래를 지을 줄 아셔요?"

"아저씨, 음악가셔요? 작곡가셔요?"

하고 여자애들이 묻는다.

"그래. 노래를 지을 줄 알지. 너희들 같은 어린이들을 위해 노래를 많이 지어야겠다는 생각이 드는구나."

"아저씨, 이 노래를 부르면 나빠요?"

"일본 노래니까 안 되지."

"줄넘기 할 때 무슨 노래를 불러요?"

하고 딴 여자애가 묻는다.

"그래서 이 아저씨가 노래를 새로 짓기도 하구, 또 너희들을 모아놓구 가르쳐 주려는 거야. 그렇게 하면 좋지?"

"네, 좋아요."

"우리 노래를 가르쳐 주셔요!"

어떤 여자애는 그의 팔에 매달리기도 한다.

이때 이 광경을 골목 저쪽에서 유심히 바라보는 한 사나이가 있었다. 사나이는 잠시 서서, 그가 여자애들에게 말을 건네고 또 듣고 하는 것을 지켜보고 있었다.

그러다가 뚜벅뚜벅 이쪽으로 걸어왔다. 그리고 다짜고짜 그의 멱살을 꽉 움켜잡는 것이었다.

사나이는 그를 매우 수상쩍게 여겼던 것이었다.

그는 어안이벙벙했다. 무슨 말을 해야겠는데, 숨이 막혀 얼른 말이 떨어지지가 않았다.

"이 자식아, 너 이 어린애들을 꾀어내려 했지?"

사나이는 소리를 버럭 지르면서 당장 손찌검을 할 기세였다.

그는 어물어물하다가는 봉변을 당할 것이 뻔했다.

"아, 왜 이러시오? 내가 아이들을 꾀어내다니요?"

"그럼 뭐야? 길 가다 말고 추근추근 말을 건네잖았나 말야. 내가 다 지켜봤어!"

사나이는 그를 영락없는 유괴범으로 본 모양이었다.

허술한 옷차림으로 미루어 그렇게 생각하는 것도 무리는 아니었다. 게다가 그즈음엔 아이들을 꾀어 옷을 벗겨다 팔아먹는 무뢰한들이 적잖이 횡행하고 있었기 때문이었다.

"그, 그게 아닙니다."

그가 기를 쓰고 변명했다.

"그게 아니면 뭐란 말야?"
"이 손, 좀 놓고 얘기합시다."
"안 돼!"
사나이는 막무가내였다. 움켜진 손의 힘을 조금도 늦추지 않았다.
"이, 아이들에게 물어보시면……."
그제야 어린 여자애들도 멍하니 서 있다가 입을 열었다.
"아저씨, 이 아저씨가요, 노래를 배워 준댔어요!"
"노래를 가르쳐 준다구?"
"네, 그래요."
사나이는 고개를 갸웃했다. 하지만 얼른 믿기지 않는 모양이었다.
"흥, 노래를 배워 준다는 말로 살살 꾀려던 거 아냐? 나는 못 속인다구!"
"노래를 가르쳐 주겠다는 건 사실이오!"
"아니야, 너는 유괴범이야. 어린이 유괴범이 틀림없어!"
"어째서 나를 유괴범으로 보시오?"
"엊그제도 너 같은 인상착의를 한 자가 어린이를 꾀어 옷을 벗겨 갔다구."
"날 잘못 봤소. 난 그런 사람 아니오!"
그때 여자애들이 다시금 말참견을 했다.
"아저씨, 이 아저씨는 음악가예요. 작곡가란 말예요."

"우리가요, 줄넘기를 하면서 노래를 불렀는데요, 그 노래가 일본 노래라면서 우리 노래를 만들어 준댔어요."

"일본 노래를 부르는 건 나쁘대요."

하고 저마다 한 마디씩 한다.

사나이가 물었다.

"그래 너희들이 불렀다는 노래가 어떤 거냐?"

"…… 사쿠라, 사쿠라…… 이런 노래여요."

하고 여자애들이 다시 한 번 그 줄넘기 노래를 불렀다. 그제서야 사나이도 뭔가 마음에 짚이는 데가 있는 듯싶었다. 목덜미를 움켜쥔 손을 풀었다.

"정말 음악가시오?"

"그렇소, 당신도 지금 이 어린애들이 부르는 노래를 들었지요? 그리고 이것이 일본 노래인 줄 아시겠지요?"

"일본 노래군요."

"마땅한 우리 노래가 없으니까, 이런 일본 노래가 아직도 어린이들에게 불려진단 말이오. 그것이 안타까워 내가 노래를 지어 가르쳐 주겠다고 말을 하고 있던 참이오!"

"아, 이거……이거……너무 실례했군요!"

사나이는 웃음을 흘리며 미안스러워 어쩔 줄 몰라했다.

"정말, 음악가이신 걸 모르고…… 미안합니다. 용서하십쇼." 사나이는 악수를 청한다. 이렇게 나오는 것을 그도 어쩔 도리가 없었다. 그는 사나이의 손을 잡았다.

"사실을 아셨으면 됐지요."

그도 피식 웃음을 터뜨렸다.

사나이는 제 갈길을 가버렸다.

그는,

'내 꼴이 유괴범으로 오인할 만큼 그렇게 초라한가? ……'
하는 생각이 들어 더없이 씁쓸했다는 것이었다.

그때 어린 여자애들이 다시 매달리면서

"아저씨, 꼭 노래를 만들어서 가르쳐 주셔요! 꼭요!"
하고 말하는 음성이 귓가에 들려 왔다.

'그렇다. 어린이를 위한 새 노래를 많이 작곡하자! 그리고 어린이의 벗이 되자!'
하고 그는 마음으로 몇 번이고 다짐했던 것이다.

자칫하면 어린이 유괴범으로 몰릴 뻔한 이 엉뚱한 일로 인해서 그는 어린이에 대한 애착이 오히려 더 굳게 다져졌는지 모른다. 그날로부터 그는 푼돈을 아껴서 중고 천막이라도 하나 사야겠다는 결심을 하게 되었던 것이다.

9.

늦여름의 밤바다는 그래도 서늘한 바람이 옷깃을 스쳤다.

우리는 송도 어디쯤까지 걸어왔는지 모른다. 파도가 부딪히는 바위들이 깔려 있음을 보아서 송도 가까운 어느 해안이라는 것만은 틀림없었다.

우리는 아무 곳에나 앉았다.

처음 보는 부산의 앞바다였다. 그리고 밤바다였다.

부산으로 피난해 와서 살면서 바다를 구경 못했다는 것은 이상하게 들릴지 모른다. 그러나 그것은 사실이었다.

부산이란 항도에 살면서도 광복동·남포동 그 부근으로만 뱅뱅 쏘다녔기 때문에 좀처럼 해안에 나가는 기회를 못 가졌기 때문이었다.

하기는 영도다리를 건너 오가면서 그 다리 밑의 바다를 이따금 내려다보곤 했다. 그것이 고작이었다.

바다가 있는 도회지에서 살면서 바다를 제대로 못 봤다는 것은 대장장이 집에 식칼이 없다는 우리의 속담 그대로였다.

그러나 지금 어둠이 깔리는 무렵에 바닷가에 나와서 밤바다를 유심히 바라보고 있는 것이다.

어둠이 잔뜩 내리누르고 있는데도 파도는 저만치 멀리서 물결을 몰아 가지고 우르르 몰려 와서는 바위 등살을 철썩 때리고는 하얀 물보라를 일으킨다.

하얀 물보라는 무섭도록 인광을 번뜩이면서 우리들 안망眼網 속으로 파고든다.

태고적부터 그러했을 이 끊임없는 파도의 리듬, 몰려왔다

밀려가는 상황의 반추를 의식하면서, 우리는 어느 하나의 의미를 새김질하고 있었다.

어느 시인은 파도를 두고 시를 짓는데,
"아, 파도야, 나는 어쩌란 말이냐, 나를 어쩌란 말이냐! ……"
이 시구밖에는 못 써냈다는 이야기를 들었다.

정말, 오늘밤 모처럼 바닷가에 나와서 유심히 바라보고 있는 저 밤바다의 파도는 우리에게 무엇인가를 부르짖고 있는 것만 같았다. 우리에게 그 어떤 걱정을 불러일으키는 것만 같았다.

그런데 정말 나를 어쩌라고 저렇듯 파도는 설레는 것일까? 모를 일이었다.

밤의 어둠 속에 모든 사물이 지금 조용히 빠져들어가고 있듯이 우리의 마음도 어느 생각 속으로 침입하고 있는 듯싶었다.

그래서 둘은 이렇듯 바위가 깔려 있는 모래톱에 한참 동안 앉아 있으면서도 서로 아무 말이 없는 것이 아닌가.

이 엄숙한 분위기를 깨뜨리기가 두려워서인지 모른다. 나도 그렇고, 윤 형도 그러한 듯싶었다.

아무튼 우리는 밤바다를 묵묵히 바라보고만 있었다.

저 멀리 부두 쪽에 정박해 있는 선박들의 등불이 조는 듯 깜박이고 있었다. 저 파랗고 빨간 선등船燈의 불빛들은, 어쩌면 전쟁을 외면한 낭만을 부르는 것만 같았다. 우리로 하여금 꿈의 나라로, 어느 먼 추억 속으로 데려가려고 손짓하는 것만 같았다.

그리고 보면 뭍의 온갖 곤고困苦를 안고 아우성치는 도시의 밤의 소음도 지금은 꿈결처럼 들려오는 것이었다.

'지금 윤 형은 무엇을 골똘히 생각하고 있을까? ……'
하는 생각이 들어 나는 그의 옆얼굴을 슬쩍 바라보았다. 한데도 그는 조금도 자세를 흐트러뜨리지 않고 해면의 어느 한 점을 응시하고 있었다.

조금 전, 해안 길의 어느 포장술집에서 먹은 소주 기운이 밤바다의 정기로 인해서인지 서서히 사라지고 있었다.

"우리 조금 걸읍시다. 송도 가는 한길 쪽에 멋진 포장술집들이 있지요. 거기 가서 생선회로 소주 몇 잔 마십시다."
하고 윤 형이 권유해서 나도 따라나섰던 것이다.

이 권유로 인해서 나는 정말 부산에 와서는 밤바다를 바라보는 첫 경험을 가졌던 것이다.

바다를 유심히 바라보지 않고서는 바다를 모른다고 해야 할 것이다. 바다에 시선을 던졌다해서 그것이 바다를 바라보는 것은 아니다.

실상, 그런 정도로는 나는 바다를 아니 바라본 것은 아니다. 그러나 그런 것으로 바다를 바라보았다고는 말할 수가 없다는 내 생각이다.

바다는 깨달으며 바라보아야 하는 것이다. 바다가 주는 의미를 우리가 깨쳐 알아야 하는 것이다. 그것은 곧 바다를 의

식화 하는 일이다.

더욱이 밤바다는 밤바다라서 우리에게 깊은 이치를 속삭여 주고 있는 것이었다.

포장선술집에서 소주 몇 잔에 거나하게 취기가 돈 우리는 그 길로 여기 바다기슭에 나온 것이다.

바다가 우리를 유인한 것인지, 아니면 바다에 나가고 싶은 심층욕구가 우리로 하여금 바다 쪽으로 걸음을 옮기게 한 것인지, 아무튼 우리는 모처럼 바닷가에 나와 밤바다를 바라보게 된 것이다.

어쩌면 바다가 말하는 그 어떤 말을 우리가 듣고 싶어서였는지 모른다. 바다에서 그 어떤 의미를, 그 어떤 추억을 찾아보기 위해서였는지 모른다.

바다 기슭 아무 곳에 아무렇게나 앉아서 한동안 우리는 아무말이 없었다.

얼마 동안이나 침묵의 시간이 흘렀을까? ……

윤 형의 굳은 표정이 조금은 천천히 허물어지기 시작했다. 어둠 속에서, 아니 멀리서 비쳐오는 선등이라든가 자주 휘둘러 가는 등대의 불빛으로 해서 윤 형의 표정을 살펴볼 수가 있었다.

그는 어떤 생각의 실마리를 잡고 또 그것을 내게 말하고 싶어선지 가만히 이쪽으로 고개를 돌리는 것이었다.

나는 그의 입을 지켜보았다.

마침내 그의 입이 움직였다.

피식 웃는 그의 특유한 웃음부터 시작되었다.

"박 형"

하고 그는 조용히 나를 불렀다.

나는 눈으로 그의 다음 말을 재촉했다.

"박 형, 산다는 것이 뭘까?"

이번엔 내가 대꾸할 차례였다. 무슨 말이건 해야 한다.

"윤 형, 왜 갑자기 그런 말을? ……"

"이렇게 밤바다를 바라보니까 그런 문제가 생각나곤 한단 말이야."

"접때도 가끔 여기 와 봤어요?"

"생각 내키면 ……. 자주 온 것은 아니지만 ……."

"윤 형에게는 밤바다를 바라보는 때가 있었구먼요."

"요새 몇 번 어쩌다 나와 봤던 거요. 바다를, 그것도 밤에 바다를 바라보면 여러 가지 생각이 떠오른단 말이오."

"그렇겠지요."

"박 형도 밤바다를 찾아본 경험이 많았겠지?"

"아니요. 부산에 와서 이렇게 조용히 찾아온 것은 이 밤이 첨이에요."

"그래요? …… 바다는 밤바다가 더 깊은 뜻을 지니고 있는 것 같아요."

"그럴는지도 모르죠."

"이렇게 바다를 바라보고 있으면 우리의 삶이 하염없는 것 같아. 우리가 하는 예술이란 것도 저 바다에 비교하면 아무 것도 아니란 생각이 든단 말이오."

"어째서 그런 생각이 들지요?"

"어째서라니? 바다는 신의 위대한 예술작품이 아니오?"

"그건 그렇지요. 어찌 바다뿐이겠어요? 자연 사물의 하나 하나가 생각해 보면 오묘하기 그지없잖습니까? 그런 의미에서는 자연 자체가 신의 위대한 예술작품이랄 수 있겠지요."

"하긴 그래……. 하지만 바다는 리듬이 있어요! 리듬은 곧 음악이지요."

"저 파도 소리가 말인가요?"

"그렇죠. 저 파도가 밀려오고 밀려가는 시차는 리듬을 형성하고 있어요. 밤바다를 볼 때는 더욱이 그런 것을 느껴요. 만약, 악성 베토벤이 바닷가에서 살았다면 바다를 두고 제10 교향곡쯤 하나 더 썼을지 모르지."

"베토벤이 제10교향곡을 쓰다가 미완에 그쳤다면서도……."

"그의 전기를 읽어 보면 그렇다고 하더군요. 하지만 그것은 바다를 주제로 한 것은 아니었을 거야. 바다는……."

"바다는 또 뭡니까?"

"바다는 리듬뿐만 아니라 신비한 음성을 가지고 있어."

"저 철썩이는 파도 소리가 말인가요?"

"바윗등살에 부딪히는 파도도 그렇지요. 그것뿐 아니라 검

푸르게 움직이는 바다 한가운데의 파도며, 또 바다 밑에 말 없이 소용돌이치는 묵직한 소리…… 악기로 치면 현악기의 콘트라베이스가 내는 그 소리 같을 거야."

"윤 형은, …… 저 밤바다에서 하나의 교향곡을 듣는 셈이군요."

"그래 맞았어. 위대한 교향곡이야. 신이 작곡한 한 편의 위대한 교향곡이지. 박 형은 그런 생각이 안 드오?"

"왜 안 들겠어요. 우리의 예술이란 것은 실상인즉 자연의 아름다움을 재현하는 것이 아니겠어요? 윤 형이 하는 시간 예술이나, 또 내가 시를 쓴답시는 언어 예술도 말예요."

"한데 박 형, 나는 자연의 아름다움을 찾아보는 눈이 둔해져 가는 것 같아. 확실히 요새는 더 그런 것 같아. 전쟁 때문일까?"

"전쟁이란 현실이 우리 마음의 눈을 흐리게 하는지 모르지요. 전쟁이 아니더라도 우리의 영혼의 눈이 흐려질 수도 있다고 봐요."

"영혼의 눈이란 말은 좋은 말이야. 예술은 우리 영혼의 눈으로 본 것을 작품으로 말하는 것일 테니까……."

"내가 보긴…… 윤 형은 영혼의 눈이 그렇게 흐렸다고 보지는 않아요. 아니 맑아 있을 거예요. 아까 천막 밖에서 그런 것을 느꼈어요."

"그럴까? 박 형이 그런 말을 해주니 정말 고맙구려!"

"아니 내가 말하는 건 과장 같은 거 없어요. 아까 윤 형은 어린이를 보았을 때 어린이를 위한 노래를 많이 지어야겠다는 결심을 하게 됐다고 말했어요. 그건 우리의 어린이를 바로 본 것이기 때문이지요. 그만큼 눈이 맑아 있다는 증거예요."

"그럴까? 한데 …… 바다를 보면 바다에서 듣는 음악을 내가 작곡해 보겠다는 생각이 드는데 그게 생각뿐이거든. 음부音符로 바꿔 놀 수가 없단 말이오. 실력의 탓일까?"

"아니죠. 예술에 대한 욕망이 너무 크기 때문일 거요. 예술에 대한 열정이 너무 불타기 때문일 거요. 동요도 그렇고 가곡도 그렇고 또…… 윤 형은 교향곡도 쓸 수 있어요. 앞으로 차분히 작품을 만들어 나갈 거요."

"그랬으면 좋겠어. 정말……."

"그래야지요."

"아니야. 안 돼! 이것저것 작곡을 많이 하고 싶은데 안 된단 말이오. 이거 술 때문일 거야. 술을 안 먹어야 하는 건데……."

나는 윤 형의 육체적인 현실과 영혼의 내면세계와의 심한 갈등의 소용돌이 같은 것을 희미하게나마 느낄 수가 있었다.

그러나 그에게 힘을 북돋아 주어야 한다. 그의 천부적인 음악의 재질을 살릴 수 있게 해줘야 한다…….

"너무 갑작스럽게 많이 하려 들지 말구요……."

"좋은 말이야. 우선 이번 가을에 가질 예정인 전시 동요작곡 발표회를 끝내 놓고는 가곡도, 또 교향곡 같은 대곡도 손

대볼 작정이오!"

 그는 그 계획을 다짐하는 듯 이 말을 마치고는 잠시 입을 꽉 다물고 있었다.

 나는 술집에서 보는 그의 얼굴이 아닌, 또 다른 그의 얼굴을 새삼 찾아볼 수가 있었다. 예술에 대한 집념에 불타는 그런 얼굴이었다.

 그는 다시 밤바다를 응시하고 있었다. 밤바다는 여전히 파도가 출렁이고 있었다.

 나도 이제는 취기가 많이 가신 듯싶었다.

 잠시 후, 그는 또 이런 말을 했다.

 "예술 창작을 왕성케 하는 활력소는 무엇일까? 사랑일까? 삶에 대한 끈기일까? 아니면 신앙일까? 나로 하여금 작곡에 대한 정열을 불태워주는 힘의 근원은 과연 무엇일까? 박 형은 그런 것을 생각해 보았소?"

 "아니오. 깊이 생각해 본 일은 없지요. 하지만 나는 아까 말한 세 가지가 모두 예술의 활력소가 된다고 생각해 보고 싶어요. 사람에게는 초월자에 대한 신앙이 있어야 하지요. 또 삶에 대한 불굴의 정신도 필요하구요. 그리고 또……"

 "그리고 또 사랑이란 말이죠? 박 형, 그렇죠? 예술에는 이성에 대한 사랑이 작품을 쓰게 하는 힘을 북돋아 준다고들 말하지 않소?"

 "반드시 이성간의 사랑만은 아니더라도 사랑이 예술에 생기를 불어넣어 준다고 할 수 있겠지요."

"헌데…… 박 형…… 아무래도 나는 여자의 사랑이라는 복이 없는가 보오."

"그건 또 무슨 말이오?"

"로맨스다운 로맨스가 없었다고나 할까? ……"

"윤 형에게 일찍이 로맨스가 있었다는 말을 들은 것 같은데?"

"있긴 있었는데, 이를테면 불발 로맨스라고나 할까……. 예술가는 로맨스가 있어야 빛이 난다고 하잖소?"

"내 생각에는…… 저 악성 베토벤을 또다시 생각해 보고 싶은데…… 베토벤의 로맨스는 적이 쓸쓸했다지 않아요?"

"테레제와의 사랑 말이군, 베토벤은 그녀를 위해 〈바가텔〉이란 피아노 소품을 작곡하기도 했지요. 나도 피아노 소품이라도 한 곡 쓸까?

"불발 로맨스의 그녀를 위해서요?

"그렇지, 불발 로맨스의 내 사랑을 기리는 뜻에서지……." 하고 그는 조용히 웃었다.

나는 불발 로맨스의 여주인공의 누구인가를, 언제인가 누구한테서 들어서 조금은 알고 있었다.

해방 2년 전인 1943년, 그가 만주국의 신경新京에서 살고 있을 그 무렵이었다. 어느 여교사를 사랑하게 되었다. 아니,

사랑하게 되었다기보다는 짝사랑하게 되었다는 말이 옳을지 모른다.

그녀는 그의 친구 하나가 교사로 있는 보통학교(오늘의 초등학교)의 교사로 있었는데, 그 학교에 친구를 만나러 갔다가 우연히 그녀의 얼굴을 보게 되었다. 그리고는 한눈에 홀딱 취해 버렸다.

그 후, 이 여선생이 보고 싶어 자꾸 그 학교에 찾아갔다. 하지만 그는 20세가 막 지난 젊은 나이라 사랑을 고백할 만한 용기가 없었다. 아니, 무슨 말을 건넨다는 것조차도 엄두도 못 낼 일이었다.

혼자서만 가슴을 태우고 있었다.

분명히 짝사랑인 셈이었다.

그로서는 진실한 첫사랑의 불길이었다.

그의 친구가 이 사정을 좀 알아주었으면 싶었다. 그래서 그 여선생과 함께 하는 자리를 만들어 주었으면 얼마나 좋으랴 싶었다.

그런데 이 친구도 전혀 이 사정을 모르고 있으니 혼자서 연기 나지 않는 가슴을 불태울 뿐이었다.

이러할 때는 술의 힘이 좋았다.

어느 날 그는 친구를 불러냈다. 그리고 술 한 잔 마신 자리에서 마침내 입을 열었다.

"김형, 내가 오늘 좀 쑥스러운 이야기를 하더라도 들어주오."

"언제 안 들었소? 술값 좀 꾸어 달라는 이야기요?"

"그게 아니구……."

그는 얼굴을 약간 상기시키면서 머뭇머뭇거리다가,

"실은 김형 학교의 S 여선생 말인데……."

하고 입을 열었다.

"그 여선생을 내게 좀 소개해 주소."

그는 내친김에 내뱉듯 말했다.

친구는 과연 윤 형이 엉뚱한 데가 있구나 생각되어 속으로는 우습기도 했지만 시치미를 떼고서

"S선생을 소개해 달라니 어떻게 해 달란 말이오?"

하고 다그쳐 물었다.

"김형, 내가 그 여선생을 사랑하고 있단 말이오. 그러니까 우선 서로 알고 지내야 하지 않소."

"그야 그렇지. 지금은 윤 형이 짝사랑한다, 이 말이지?"

"아직은……."

그는 피식 웃었다. 친구는

"그렇다면, 우리 학교에 한두 번 찾아온 것도 아닌데 본인이 직접 말을 건네 보구려."

"그게 그런데 …… 차마 내 입이 떨어지지 않는단 말이오. 다른 건 모르겠는데……."

"만약 내가 이야기를 꺼냈다가 그 쪽에서 거절하는 일이 생기면 나만 실없는 사람이 될 것이구…… 한 직장에서 같이

지내기가 무척 쑥스러워질 텐데."

"딴은 그렇기도 하지. 그러면 김형은 내 얘기를 못 들은 것으로 해 주시오. 내가 직접 만나 말을 건네 보겠소."

"그렇게 하는 것이 좋겠소."

"내가 공연히 쑥스러운 얘기를 한 것 같아……."

"그래야 내가 윤 형에게 로맨스의 기질도 있다는 것을 알 수 있잖아……."

그 후 그는 몇 번 더 그 학교를 찾아갔다. 막상 그 여선생과 마주치면 괜히 어색해 하고 쩔쩔맬 뿐이었다.

S여선생도 그의 얼굴 표정이나 행동으로 봐서 어느 정도 그런 낌새를 알 법한 일이었다. 혹시 그의 짝사랑의 감정을 느꼈을지도 모르는 일이었다.

만약 그가 데이트를 신청해서 그녀와 호젓한 자리에서 만날 수 있었다면, 또한 사랑을 고백했다면 그후 상황은 어떻게 전개되었을까?

그런데 그렇지가 못했다. 그는 데이트를 대담하게 신청할 만큼 그런 담력을 가지고 있지 못했다. 그녀와 마주치면 혼자 죄를 진 것처럼 얼굴만 붉혔을 뿐 말 한 마디 꺼내보지 못했다. 결국 일방적인 짝사랑으로 끝나고 만 것이었다.

그러다가 그는 신경新京을 떠나게 되어 그의 짝사랑의 로맨스는 그렇게 불발로 끝나고 만 것이었다.

그는 감정이 섬세하며 다감하지만 그것은 어디까지나 내면적인 것이었다. 음악가들에게 늘 있을 수 있는 사랑의 유희 같은 것을 그는 할 줄 몰랐다.
어쩌다 좀 괜찮은 요정에서 술을 마실 기회가 있을 때도, 그는 작부의 손 한번 제대로 못 만져 보는 그런 내성적인 사나이였다.
이것은 첫사랑의 불발에서 온 결과였을까?
나는 지금 그것을 생각해 보았다.
그는 지금 예술을 낳게 하는 예술가로 하여금 창작의 동기를 부여하는 사랑의 힘 같은 것을 절실하게 느끼는 모양이었다.
어쩌면 저 밤바다의 심층에서 물결치는 리듬과 음정을 마음의 귀로 들으면서 지난날의 서글펐던 '나 혼자만의 사랑'의 옛 그림자를 더듬고 있는지도 모른다.
그의 얼굴이 나이보담 더 늙어 보이는 것은 이렇듯 삶과 사랑의 고뇌를 함빡 가슴에 안고 있기 때문인지도 모른다.
밤의 바닷가에서 나는 그의 옆얼굴을 하염없이 바라본다.
그의 아름다운 선율과 하모니에 비해 그의 현실적인 삶은 결코 행복하지가 못하다고 생각되어지는 것이었다. 오히려 고통스러움과 영혼의 아픔의 연속일지도 모르는 일이었다.

그래서 그의 현실을 잊기 위해, 꿈의 세계에 더욱더 몰입하기 위해 탐주探酒라 할 만큼 술을 좋아하게 됐는지 모르는 일이었다.

밤의 출항을 알리는 것일까?

저만치 멀리 부둣가 어디서 나직한 뱃고동이 울렸다.

그 뱃고동의 여음이 다시금 밤바다의 적막에 휩싸였을 때,

"박 형!"

하고 그가 입을 열었다.

"……?"

나는 어둠 속으로 그의 입을 지켜보고 있었다.

"실은 만났소. 며칠 전에, 우연히 …… 정말 뜻밖이었소."

그는 띄엄띄엄 말한다.

"누구를요?"

"내 불발 첫사랑의 그녀 말이오."

"아……, S여선생 말이군요."

"그녀를 이 부산바닥에서 만날 줄은 정말 꿈에도 몰랐소."

"그렇겠지요. 감개무량했겠어요."

"그 여선생도 많이 변했더군. 그러니까 벌써 7, 8년의 세월이 흘러간 셈이 아니겠소?"

"윤 형이…… 그동안 얼굴을 잊은 적은 없겠지요."

"잊은 적이 없다고 해야겠지요. 이번엔 내가 거침없이 말을 건넸지요. 그쪽에서도 무척 반가워하더군. ……"

"그렇겠지요. 비록 말은 나누지 않았다지만 여러 번 만난 사이잖아요?"

"지금 다시 만나서 마음을 털어 놓고 얘기해 봤자 무슨 소용이 있겠소? 나는 지금 처자를 거느리고 있는 가장이 아니오?"

"그렇기는 하오만……."

"그 여선생이 살고 있는 집을 찾아가 보았지요. 함께 가자더군요. 내가 생각했던 대로 그녀의 가정도 가톨릭신자였지요. 언니는 수녀라고 하더군."

"많이 이야기를 나눴군요."

"그런 셈이지요."

"그 S여선생은? …… 결혼했던가요?"

"아니, 아직 미혼이라더군요."

"아, 그랬군요."

나는 그의 쓸쓸해 하는 표정을 어둠 속에서도 훤히 보는 것 같았다.

"그녀와 함께 이 송도 바닷가에서 한두 번 나왔더랬소. 회한의 세월을 이야기할 뿐이었지……."

나는 아무 대꾸도 할 수 없었다.

불발의 짝사랑은, 진실로 그의 순애였다. 그리고 그 순애를 전쟁의 와중에서 더듬어 보는 것은 바로 그의 휴머니즘이라 할 수 있을 것이다.

그는 말을 이었다.

"S여선생도 수녀가 될 작정이라더군. 환도하면 곧 수녀원으로 들어가겠다는 거요……."

말끝이 조금은 울먹이는 것 같았다.

나는 더 이상 말을 받지 않았다.

그도 이제는 말이 없다. 다시금 밤바다를 응시하고 있을 뿐이었다.

출항하는 외항선의 뱃고동이 나직하게 울려 밤하늘에 퍼졌다. 그러고는 모든 것이 밤바다의 어둠 속에 잠기는 것이었다.

저 출렁이는 파도의 리듬과 부서지는 물보라의 음정들이, 교향곡의 종악장終樂章을 조용하면서도 격렬하게 연주하고 있었다.

고달프고 지루했던 그 해 여름은 이렇게 지나갔다.

10.

가을이 돌아왔다.

전란 이후 두 번째 맞이하는 가을이었다.

지난해의 가을은 우리로서는 쫓기는 자의 가을이었다.

전략상으로는 후퇴라는 용어를 쓰지만 어쨌든 우리는 공산군에게 쫓겨가는 신세였다. 그러므로 쫓겨가면서 맞이하는 쓸쓸한 가을이었던 것이다.

 대구, 경산 부근의 과수원에서 빨갛게 익은 사과들이 주렁주렁 달린 과수들을 우리는 보았다. 한데 그 과수원은 비어 있었다. 과수원 주인도 피난을 간 것이다.

 공산주의 아래서 살기보다는 모든 재산을 잃고서라도 자유를 지키며 사는 것이 더 좋았기 때문이었다. 그래서 한때 이북 공산군이 물밀 듯 쳐내려올 때 집과 재산을 아낌없이 버리고 정든 고장을 눈물로 이별하면서 남으로 피난의 행렬을 지었던 것이다.

 그러면서 맞이하고 또 지나보낸 가을이었다. 그러했기에 아무래도 감상적인 쓸쓸한 가을일 수밖에 없었던 것이다.

 전란의 한 해를 지내고 또다시 가을을 맞이한다.

 이번엔 피난 도상은 아니었어도 피난지에서 맞이하는 가을이 되었다. 전선은 여전히 치열했지만 이 해가 가기 전에 환도하리라는 소망을 저마다 가슴에 안고 있었다.

 헌데 침략의 공산군을 이북 땅 한구석에다 몰아붙이는 것이 아니라 현 전선에서 어물어물 휴전한다는 휴정 협상 소문이 나돌아서 한편 은근히 불안스럽기도 했다.

 이번 기회에 철저히 무찌르지 않으면 언제인가는 공산주의자들에게 또다시 욕을 보게 되는 날이 있을지도 모른다는 생각을 저마다 하고 있었기 때문이다.

 아무튼 그러저러한 상황 속에서 계절은 속이는 일이 없어

가을은 다시 찾아온 것이다. 피난살이의 외로움을 달래며 사는 우리들의 가슴 속에도 가을은 온 것이다.

누구는 가을을 시의 계절이라 했던가. 오곡백과가 무르익는 풍요로운 가을이라 했던가.

그 말이 과시 틀린 말은 아니다. 가을이 오면 가을 달 밝은 찬 밤하늘에 날아가는 외기러기를 보며 님 생각에 잠못 이루는 외로운 나그네도 있을 법한 일이다.

창 밖에 우수수 오동잎이 지면 창 안에 호롱불 환히 밝혀 놓고 가랑잎 소리에 행여나 그 님이 찾아오는 발자국 소린가 하여 마음 조리는 그 어느 규수도 있을 법한 일이다.

낭만과 추억의 정취가 한껏 깃들인 가을이란 계절임을 우리가 모르는 것은 아니다.

허나, 전란통에 두 번째 맞이하는 피난살이에서의 가을, 전쟁의 아픔이 아린 듯 그 상처가 상기 가실 줄 모르는 우리에게는 가을은 잃어버린 계절일 수밖에 없었다.

아무도 광복동이나 남포동에서 가을달을 바라보자는 사람은 없었다. 비록 가을달을 바라보고 싶어 하늘을 쳐다본다 해도 그 달이 제대로 보여질 리가 없었다.

가까운 동해안에 찾아가서 바다 위에 비치는 가을달을 바라보아야겠다는 다분히 낭만적인 그런 생각을 좀처럼 가져볼 수도 없었다.

쌀쌀한 기온의 감촉이 우리들 피부에 스며들면, 이산가족의 슬픔이 더욱 아련해질 뿐이었다.
 다방에 가서 커피 한 잔 시켜놓고 하염없는 생각에 잠기는 것이 고작이었다.
 향수병에 잠기는 이방인의 심정이라고나 할까……. 차라리 이방인이었다면 낯선 기항지에서 향수에 젖는 한때의 감상을 추억의 책갈피에 접어 넣는 로맨티시즘을 가져봄직 하다마는…….
 이 해의 가을은 우리에게는 더욱더 울적한 기분이 솟구칠 뿐이었다.
 부두에서 어느 외항선의 뱃고동이 처량하게 울면 간단한 여장 한 개를 꾸려가지고 어느 곳에라도 훌쩍 떠나가고 싶은 그런 심정에 휩싸일 뿐이었다.
 우리는 가을 달을 잊고 있는 것이다. 고향에서 바라보던 그 신비로운 가을 달을 잊고 있는 것이다.
 우리를 둘러싼 현실적인 환경은 우리로 하여금 아름다운 추억 속으로 배회하는 것조차 용서하지 않았다.
 그래서 어쩔 수 없이 더 술을 마시고 취기 속에다 우리의 몸뚱이를 깡그리 내던졌는지 모른다.
 내가 그(윤용하)를 만나곤 할 때 그에게서 이러한 잃어버린 가을의 냄새를 맡게 되는 것은 왜 그런 것일까?
 그는 다시금 술자리를 같이 하고, 술자리에 끼어들면 으레 마구 마시는 편이 되었다.

무엇이 그로 하여금 저토록 마음을 달랠 수 없게 했던 것일까?

가을이 왔으니까 어쩌면 다감한 그가 제 스스로의 감정을 억제하지 못해서 저러는 것일까? 어쩌면 그에게서 보는 영혼의 트레몰로(tremolo : 같은 음이 빠르게 반복되어 떨리듯이 들리는 음)는 우리와 똑같은 공통의 것일는지 모른다.

그 동안 그는 조금은 부산하게 지냈다.

그것은 부산극장에서 가진 전시 동요작곡 발표 때문이었다.

그 동안 중앙 천주교 성당 뜰에 세운 천막 교실에서 어린이들에게 새로 지은 노래를 열심히 가르쳤다.

그 노래들을 모아 가지고 동요작곡 발표회를 연 것이다.

노래를 부를 어린이들은 그 동안 그의 동요를 배운 '대한 어린이 합창단'의 단원들이었다.

그가 동요작곡 발표회를 가진 부산극장은 주로 연극을 공연하는 작은 극장이었다. 그래서 공연이 없는 오전 시간을 택해 그 극장을 빌릴 수가 있었던 것이다. 그리고 시내 각 초등학교 어린이들을 데려다 그가 지은 동요들을 들려주었다.

피난살이에서 이만한 문화행사를 가지기도 적잖이 어려운 일이었다. 그런데도 그가 아무 가진 것 없는 빈손으로 이 일을 해낸 것은 오직 동요에 대한 애착과 집념의 결과라고 할 것이었다.

주변의 몇 친구들은 그를 새삼 다시 보게 되었다.

하긴 더러는 그런 동요작곡 발표회가 뭐 그리 대단한 것이냐고 입을 비쭉거리는 사람도 전혀 없는 것은 아니었다.

나는 그의 이 허탈감이 혹시나 그 여선생을 만난 데서 온 것이 아닌가 생각해 보기도 했다. 그는 그녀와의 해후 이후의 이야기를 다시는 나에게 별로 하지 않았다.

허나 그가 가끔 그녀를 만나고, 혹 어떤 때는 둘이 함께 송도 바닷가로 산책을 나갔으리라는 것은 추측할 수가 있었다. 그 언젠가 그런 사실을 내게 비친 적도 있었으니까 말이다.

그러나 그들은 그 이상 애정의 아무런 발전을 가질 수 없었을 것이고, 또 나타낼 수도 없었을 것이다. 두 사람은 모두 독실한 가톨릭 신자였고, 오늘의 제 처신을 잘 알고 있는 처지였다. 그러므로 바른 길에서 벗어나는 철없는 불장난 따위를 저지를 수는 도저히 없었을 것이다.

하지만 오히려 그러하기 때문에 그의 마음이 허전한 무엇에 걷잡을 수 없이 부딪히는지 모를 일이었다.

어느 날 나는 슬쩍 그에게 말을 건네 보았다.

"윤 형, 요새도 그 S여선생을 만나시오?"

그날은 역시 술기운 때문인지, 기분이 좋아 보여 말이 술술 풀려 나왔다.

"응, 가끔······."

"그러셨군요."

나는 그에게서 그 다음 말을 끌어내야겠다면서도 마땅한

말이 떠오르지 않아 어물어물했다.
　그는 막걸리 한 사발을 쭉 들이켜더니
　"박 형은 궁금해 할 거야. 그 이후의 이야기를 말이야……."
한다. 나는 고개를 끄덕였다.
　"내게는 첫사랑, 첫 로맨스 같은 거라구들 말하지만……. 다시 그녀를 만났다는 건…… 말야…… 허전할 뿐이야……."
하고 그는 씨익 웃는다.
　그 씨익 웃는 웃음 속에 그가 정작 하고 싶은 이야기를 모두 감추고 있는 듯싶었다.
　"하지만 추억은 아름답다던데요?"
　"추억이야 아름답지. 해도, 내게는 아름다운 추억일 수가 없어. 쓸쓸할 뿐이지."
　"그건 왜요?"
　"그때 내가 왜 대담하게 그녀에게서 애정을 못 붙들었나 후회할 뿐이야. 이제 와서 후회한들 무슨 소용이 있겠냐만……."
　"그 후 말예요. 그 S여선생과 만나서 어떤 심각한 이야기를 나눈 모양이지요?"
　"나눈 것이 없어. 아무말도…….
　"가끔 만났다면서요?
　"그저 만났을 뿐이지. 이제 그녀와 무슨 애정에 관한 말을 주고받고 하겠나. 또 그렇다고 예전의 그런 건더기 같은 것이 남아 있는 것이 아니구 말이야……."

"만나면 오히려 더 쓸쓸했겠군요."

나도 모르게 나는 정통을 찔렀다. 그는 이 말을 듣고는 쓸쓸히 웃으며 잠시 말이 없었다. 그러다가

"박 형 말이 옳아. 그녀를 만나면 즐거워야 할 텐데, 나는 그렇지가 않았어. 그녀는 전날 만주 땅에서 함께 살던 사람으로 반가워해 주었지만 그 이상의 거는 아니었어. 그 이상의 무엇이 될 수 없었지. 나도 그 이상의 무엇을 바랄 수가 없구 말이야."

그의 말에는 다분히 비감이 섞여 있는 것 같았다.

"앞으로는 어떻게 할 거요, 윤 형?"

"어떻게 하긴?"

"계속 만나겠느냐 말이오."

"만나는 거야, 무어 죄가 되오?"

"내 말은……."

"아 알어. 박 형의 묻는 말 뜻을……. 앞으론 만나지 못하게 될지 몰라."

"왜요?"

"그녀는 수녀원에 들어갈 작정이라더군. 내가 접때도 이 말을 한 적이 있었지."

"들었어요. 역시 쓸쓸한 결말 같아 뵈는군요."

"인생 자체가 쓸쓸한 결말 아니겠소, 박 형……."

하고 그는 껄껄 웃었다.
 이후로 그녀에 대한 이야기를 다시는 하지 않았다.

 며칠 후, 문화극장에서 음악회가 있었다. 정훈음악대의 공연이었다.
 나는 초대권을 얻을 수가 있어, 무료한 시간을 달랠 겸 문화극장의 음악회에 가기로 했다.
 문화극장은 광복동 네거리에서 조금만 가면 바른쪽 모퉁이에 있었다. 꽤 큰 공연무대를 가지고 있었다. 관현악단의 연주 같은 공연은 대체로 이 극장을 빌리는 듯싶었다.
 나는 입장시간을 기다리며, 문화극장 앞에서 서성이고 있었다.
 입장이 시작되었다. 관객들은 줄을 서서 들어가기 시작했다.
 나도 줄에 끼어 있는데 누가 내 어깨를 툭 친다. 돌아보니까 윤 형이었다.
 "음악회에 왔소?"
하고 말을 건넨다.
 "오늘 연주가 있다면서요? ……"
 "베토벤의 교향곡 5번 〈운명〉을 연주하는 모양이야. 김동진 씨가 지휘한다더군."
한다.
 나는 초대권만 가지고 있었기 때문에 프로그램은 모르고

있었다.

"아, 그래요?"

"김동진 씨의 자작곡도 연주한다더군."

우리는 함께 들어갔다.

나로서는 피난살이에서 처음 가보는 음악회였다.

운명의 문을 두드리는 것 같은 힘찬 선율과 화현에서 나는 가슴 벅찬 감동의 한때를 가질 수가 있었다.

옆자리에 앉아 있는 윤 형도 표정이 평상시와는 달리 적이 굳어져 있었다.

김동진의 작곡은 오페라 〈심청전〉에서 '인당수의 합창'이었다. 효녀 심청이 인당수란 바다에서 스스로 몸을 던져 물에 빠지는 그 애절한 장면을 표현한 곡이었다. 뱃군들의 합창과 그 합창 소리를 깔면서 부르는 심청의 독창곡은 정말 애절하기 이루 말할 데가 없었다. 관객들도 모두 숙연해서 듣고 있었다.

매우 감동적인 노래라고 나도 생각했다.

음악회가 끝나고 밖으로 나올 때까지 윤 형은 아무 말도 없었다. 그의 얼굴은 여전히 굳어져 있을 따름이었다.

김동진 작곡의 '인당수의 노래' 연주에서 무엇인가 자극을 받은 듯싶었다.

우리는 말없이 광복동 거리를 걸었다. 시청 앞까지 와서는 다시 돌아서 남포동 거리로 접어들었다.

초가을의 날씨여서 바다 쪽에서 불어오는 바람이 제법 신선했다.

밤도 열 시는 지났을까, 한데도 오가는 사람은 많은 편이었다.

남포동 거리는 더욱 붐볐다.

우리는 어디로 갈 것인지 작정한 것도 아닌데 그냥 발걸음이 내키는 대로 걸어가고 있는 것이었다.

사람들이 붐비는 그 사이에서도 서로 아무 말이 없었다. 나도 그에게 말을 건네는 것이 송구스러워 묵묵히 함께 걸음을 옮길 뿐이었다.

'밀다원'이 있는 골목길도 그냥 지나쳤다. 그는 지금 시각에 차를 마실 생각은 없을 것이 뻔했다. 여느 때도 커피를 즐겨 마시는 편이 아니었으니까 말이다.

남포동에서 다시 골목길로 꺾어들어 광복동으로 나오니까 어느새 그곳은 문화극장 앞이었다.

우리는 한 바퀴 휭 돌아 문화극장 앞으로 다시 되돌아온 것이었다.

지금 문화극장 앞에는 아무도 없었다. 아까의 관객들은 다 돌아가고 내버린 프로그램 따위의 종이조각만이 뒹굴고 있었다.

그는 땅 아래를 내려다보다가 얼굴을 들어 문화극장을 바라본다.

극장 안은 아직 불이 켜져 있었다.

극장 안의 청소를 하고 있는 듯싶었다.

그는 멍하니 극장 안 쪽을 바라보면서 무엇인가 골똘한 생각에 잡혀 있는 것이었다.

라임라이트가 눈이 부실 만큼 환하게 켜져 있는 무대 앞 한가운데 그가 서 있다.

그의 앞에서 백여 명의 관현악단원들이 저마다 악기를 들고 앉아 있다. 단원들의 시선은 모두 그의 한 몸에 쏠려 있는 것이다.

이윽고 그의 오른팔이 번쩍 쳐들어졌다. 그리고 하얀 지휘봉이 쥐어져 있는 손이 허공에 선을 그으면서 힘차게 움직인다.

그러자 우렁찬 관현악의 화현음이 울려퍼지기 시작한다.

어떤 때는 풀 하모니였다가 또 어떤 대목은 현악기들의 분산 화음에 맞추어 목관악기가 고요한 멜로디를 연주하기도 한다.

그러다가 급속한 템포로 해서 온갖 악기가 다 동원되는 피날레가 끝나면 열광한 관객들의 박수갈채가 온 극장 안이 떠나갈 듯 울린다.

그는 지금 그런 환상 속에 서 있는 것이었다.

11.

　나는 그 환상 속에서 그를 깨우는 것이 어쩐지 죄를 짓는 것만 같았다.
　그러나 통금이 가까워오는 이 시간에 문화극장 앞에서 마냥 멍하니 서 있을 수만은 없었다. 나는 광복동 가까운 어느 여관에 잠자리를 잡고 있으니까 좀 늦어도 괜찮지만, 그는 대신동 쪽으로 한참 걸어가야 하는 것이었다.
　얼마나 시간이 흘렀는지 모른다.
　마침내 내가 입을 열었다.
　"윤 형, 언제까지나 이곳에서 이렇게 하구 있을 건가?"
　그제서야 그는 뒤를 돌아다보며,
　"아, 박 형, 여기 함께 있었소?"
하고 말한다. 그는 광복동과 남포동을 한 바퀴 휑 돌아오면서도 내가 동반했었다는 것을 까마득히 모르고 있었던 것 같았다.
　나는 대답 대신 고개를 끄덕였다.
　그는 미안하다는 듯이 피식 웃었다. 그러면서도 그곳을 떠나려 하지 않았다.
　내가 다시 말했다.
　"윤 형, 이 가까이 어디 가서 막걸리로 목이나 축이고 헤어지지요. 시간이 많이 갔어요."

내가 그의 팔을 잡고 걷기 시작했다. 그제야 그도 발걸음을 옮겼다.

우리는 가까운 어느 선술집으로 들어갔다.

파장에 가까운 시간이어서 선술집도 손님이 별로 없었다.

자리에 마주 앉고 막걸리 한 되를 주문하고 났을 때 그는 정색을 하며,

"박 형, 정말 미안해!"

하고 말한다.

그가 뭐가 미안하다는 것인지, 나는 얼른 헤아리지 못했다.

문화극장에서 나와서 길거리에서 함께 오락가락한 것을 미안해 하는 줄로만 알았다. 그래서 나는 가볍게

"아니, 무어 그까짓 것 가지구……."

하고 말을 흘려보냈다. 그런데도 그는 정색한 표정을 풀지 않았다.

"이번엔 내가 꼭 완성할 거야……."

이 말을 듣고서야 그가 딴 것을 두고 말하는 것임을 짐작했다.

"무언데요? ……."

하고 내가 물었다.

"아, 오페라 〈견우직녀〉 말이오. 〈견우직녀〉의 대본을 나한테 써 주지 않았소? 그것을 내가 작곡하기로 하지 않았소?"

하고 그가 말했다.

"미안하다는 말은 그것을 두고 하는 말이오?"

"응, 아직 완성할 수 있겠군요. 제3막, 한 막만 남았는데 뭐가 걱정입니까?"

"그래, 빨리 완성시켜야겠소. 하지만 〈견우직녀〉의 오페라 곡이 너무 오래 걸리는 것 같아서, 박 형을 만나면 미안해서 그 말도 못했는데, 오늘 김동진씨의 〈심청전〉을 듣고 나니까 내 마음이 가만있고는 못 배겨날 것만 같았소. 박 형이 이리로 오자고 하길 잘 했소."

술기운이 조금 돌자 아까 그 음악회에서 받은 감격과 흥분이 가슴속에 묻혀 있다가 이제야 솟구쳐나오는 듯싶었다.

"언제 되든 완성이 되겠지요."

하고 나는 그의 마음을 달래보려 이렇게 말했다.

"정말이야, 가까운 시일 내에 꼭 작곡을 다 마치겠소. 박형, 정말 미안해······."

하고 그는 다시금 내 두 손을 덥석 잡는 것이었다. 그러고는 거듭 미안하다는 말을 하는 것이었다.

나도 부산에서 처음 그를 만났을 때 〈견우직녀〉에 대해 궁금히 여겼었다. 이 오페라 대본은 내가 처음 써본 시극이기도 했다. 이 대본 속에 몇 개의 아리아가 나오는데, 나는 그 아리아의 노랫말을 순수한 서정시로 표현해 보려 애를 썼었다. 그러한만큼 이 시극의 작곡가는 내게도 관심이 컸던 것이다.

헌데 그를 부산에서 다시 만났을 때 〈견우직녀〉에 대한 아무 말도 없었다. 나도 또한 굳이 캐물어 볼 수가 없었다. 언젠가는 이에 대한 말이 그의 입에서 나오리라고 바라고 있었다.

그런데도 그는 〈견우직녀〉에 대한 이야기는 좀처럼 비치지 않았다. 나는 은근히 혼자서 걱정하기도 했다.

'윤 형이 〈견우직녀〉의 대본을 잃어버린 것이 아닐까……'

잃어버렸을 가능성도 전혀 배제할 수는 없었다. 그것은 이 대본이 그의 손에 들어간 지 이미 3년이란 세월도 더 지났기 때문이었다. 그리고 그 3년이란 세월이 지나는 동안 나나 윤 형이나 삶의 벅찬 체험을 겪어야만 했었기 때문이었다.

오페라 〈견우직녀〉의 발상은 그러니까 6·25전으로 돌아간다.

그 무렵, 나는 서울 중앙방송국의 편성과 직원으로 있었고, 그는 자주 방송국에 드나들던 터였다. 그리고 방송국을 중심으로 작곡 활동을 활발하게 벌여오고 있던 중이었다.

그와 나는 성탄절이나 신년 같은 때에 특별 프로로 뮤지컬을 만들어 몇 번 방송한 일도 있었다.

그 대본이며 악보들은 방송국에서 보관하고 있다가 전란통에 모두 없어졌다.

그 당시 덕수궁 언덕에 자리잡고 있던 방송국 건물이 폭격을 맞아 깡그리 부서졌기 때문에 그런 것들이 남아 있을 리가 없었다.

6·25 전란이 발발하기 그 전 해인 듯, 그 해 가을 추석명절 특집으로 어린이를 위한 뮤지컬 프로그램을 만들어 방송한 일이 있었다.

그 뮤지컬도 내가 노랫말을 썼고 그가 작곡을 했다. 그런데 그 뮤지컬이 견우직녀의 전설을 소재로 한 〈날개옷〉이란 것이었다.

물론 어린이 프로에다 방송 시간의 길이도 30분짜리여서 그렇게 만족할 만한 작품이 못 되었다.

그도 그 점이 못내 아쉬운 듯싶었다.

방송을 마치고 그는,

"박 형, 이것을 오페라로 한 번 만들어 봅시다."
하고 제의해 왔다.

나는 서슴지 않고

"그거 좋지요. 내가 당장 대본을 쓰지요."
하고 대답했다.

〈견우직녀〉의 동기는 생각해 보면 실상은 단순하게 얻어진 것이었다. 무슨 공연되리라는 것을 예상했던 것이 아니고 더욱이 청탁 같은 것도 없었다. 순전히 창작 오페라를 한 번 작곡하고 싶다는 생각에서 그의 입에서 불쑥 이 말이 튀어나온 것이고, 나 역시 시극으로서 오페라 대본을 쓰고 싶은 의욕을 지니고 있었기에 선뜻 약속했던 것이다.

그 후 며칠 안 있어, 나는 오페라 〈견우직녀〉의 대본 3막 4장을 탈고해 그의 손에 넘겨주었다.

견우·직녀의 전설은 애틋한 러브스토리가 될 수 있었다.

제1막은 외로운 견우 이야기가 중심이 되고, 제2막은 하늘이 도와 아름다운 선녀 직녀를 만나게 되어 순결한 사랑이 싹트고 열매를 맺는다. 제2막에서 나는 직녀의 베짜는 노래를 힘 기울여 썼다.

제3막 1장은 직녀가 제 살던 하늘의 본향本鄕을 그리는 안타까운 마음과 속세의 사랑과의 갈등에다 초점을 두었고, 제2장은 순전히 직녀의 사랑을 잃은 견우의 절망적인 몸부림이었다.

전설에는 어떻게 됐는지 개의치 않고 나는 견우가 직녀를 생각한 나머지 스스로 목숨을 끊어 하늘나라로 따라 올라간다는 에필로그로 끝맺었다.

견우가 부른 최초의 아리아는 스스로의 종말에서 행복을 꿈꾸는, 정말 절창일 수 있다고 나 자신이 그 가사를 쓰면서 이렇게 생각하기도 했었다.

그런 〈견우직녀〉의 오페라 대본이었다.

그러한 것을 나는 대본으로 완성했고, 그가 작곡을 진행시키다가 그만 뜻 아니한 전란 통에 중단될 수밖에 없었던 것이다.

그런데 지금 그의 말이 제2막도 중요한 아리아는 다 작곡

되었다니까 이 말을 듣는 나로서도 여간 대견하지가 않았던 것이다.

헌데도 내 마음 한구석에는,

'혹시 그가 원래의 대본을 잃어버린 것은 아닐까? 부분적으로라도 그렇게 된 것은 아닐까. 지금 그가 가지고 있는 것은 작곡한 초고가 아닐까? ……'

하는 생각이 고개를 쳐들어 의구심이 완전히 가신 것은 아니었다. 그래서 그런 점을 슬쩍 떠보려고 나는 이렇게 말을 건넸다.

"헌데, 윤 형 말이오, 내가 쓴 그 대본에 손을 대야 할 데가 없겠소? 몇 해 지나고 보니까 아리아의 가사는 내가 좀 고쳤으면 해요. 그 대본을……."

내 말이 끝나기도 전에 그는

"그 대본을 보고 싶다는 거지요? 나도 몇 군데는 노랫말을 좀 고쳤으면 했는데 다음 만날 때 대본을 갖고 나오지."

하고 말하는 것이었다. 그러니까 그는 견우직녀의 대본 원고를 가지고 있다는 이야기인 것이다.

나는 적이 놀랐다.

"그럼 윤 형, 그 대본을 지금도 가지고 있다는 말이오? 잃어버리지 않구? ……"

"아니, 어떤 원고인데 잃어버려. 다른 것을 잃어버렸어도 그 원고만큼은 피난 보따리 속에 잘 간직해 가지고 있소."

하고 그는 싱긋 웃었다.

정말 고마운 일이었다. 이 〈견우직녀〉가 완곡이 되면 김동진의 〈심청전〉을 능가할 오페라가 꼭 되고도 남는다고 나는 생각했다. 아까, 문화극장에서 〈심청전〉의 일보 연주를 들으면서 그는 자신이 착수했다가 내버려뒀던 〈견우직녀〉의 작곡을 생각하면서 회한과 고민으로 뒤범벅이 되었던 것이 틀림없었다.

'작곡가 김동진 씨는 오페라 〈심청전〉의 일부를 그냥 연주 형식으로나마 발표하여 사람들에게서 아낌없는 찬사를 받는데, 나는 왜 그런 일을 못 해냈던가? 나는 왜 오페라 작곡을 빨리 못 해냈던가? ……'
하는 생각과 자책감이 그의 머리를 어지럽혔을 것이었다.

그날 밤 헤어지기 직전까지 그는 오페라 〈견우직녀〉를 완성할 것을 몇 번이고 다짐했고, 나도 또한 그렇게 되기를 격려했던 것이다.

다음날, 그는 한 뭉치의 오선지를 가져 왔다. 그리고 내 앞에서 펼쳐 보였다.

작곡하다 만 〈견우직녀〉의 초고였다. 연필로 쓴 것인데 어느 곡은 화음까지 붙인 것도 있고, 또 멜로디만 대충 잡아놓은 것도 있었다.

그는 내 눈치를 살피더니,

"아, 염려 마오. 박 형이 쓴 대본은 그대로 있소. 내가 잃어버릴 리가 있소? 방송국 원고용지에다 쓴 그 대본을 한 장도 잃어버리지 않고 내가 갖고 있단 말이오!"
하고 힘을 주어 말했다.
　나는 더 다른 말을 할 수가 없었다.
　"윤 형, 환도하는 즉시 오페라 〈견우직녀〉를 공연하게끔 힘써 봅시다."
하고 말했다.
　"암, 공연하고 말고! ……"
　그는 한껏 꿈에 부풀어 있었다.
　그런데 그의 꿈은 얼마 못 가서 다시금 색이 바래지고 있음을 나는 느낄 수가 있었다.
　그후, 그는 나를 만났어도 〈견우직녀〉 작곡에 대한 말은 거의 한 마디도 하지 않았다.
　그는 작곡이란 창작과정에서 뭔지 모르는 그 어떤 벽에 부딪혀 있는 것만 같았다.
　그리고 그는 예나 다름없이 술을 퍼마셨다.

12.

　그는 자신의 작곡의 방향, 작품의 세계에 대해 갈등과 고민을 남모르게 품고 있었다. 이 갈등과 고민 속에서 헤어나려고 끊임없이 몸부림치기 시작한 것이 이때였다고 생각된다.
그는 나를 만나면 말버릇처럼
"가곡을 많이 지어야 해. 소나타나 교향곡, 교성곡交聲曲, 그리고 오페라도 2, 3편은 쓰고 싶어."
하고 이런 말을 자주 했다.
그러면서도 내가 보기에는 그런 의욕적인 작곡을 생산해 내는 것 같지는 않았다.
"저렇게 매일같이 술을 마시고 다니면서도 작곡을 할 수 있을까?"
나로서는 그런 생각이 드는 것도 무리는 아니었다.
그런데다가 기회가 닿으면 그는 우리들 아동문학가들과 어울렸다.
우리가 보이면 추렴 술자리에도 슬금슬금 끼어들었다. 같이 음악하는 동료들보다는 오히려 우리와 가까워지려는 듯싶은 마음의 일단을 엿볼 수가 있었다. 그러하기 때문에 오히려 음악인들 사이에서는 소외되는 듯이 느껴지기도 했다.
그에게서 어떤 음악적 재질이 번뜩이기 때문에, 그가 동료들 사이에서는 은근히 라이벌로 따돌려지는 듯싶은 기색을 사실은 그렇지 않다 하더라도 그 자신이 그렇게 외곬으로 생각했는지 모를 일이었다.
그것도 그렇거니와 그의 어린이 세계에 대한 집착과 애정은 좀처럼 떨쳐버릴 수 없는 것이어서 그러한 까닭으로 자연히 나와 또는 우리 몇 아동문학가들과 자주 어울리게 됐는지도 모를 일이었다.

어떤 때 내가,

"윤 형은 동요 작곡가라는 말을 하더군. 우리와 자주 어울리니까 빗대서 그렇게 말하는 게 아니오?"
하고 말해서 그의 기분을 엿보려 했다.

헌데, 적어도 표면상으로는 아무렇지도 않다는 기색을 그는 보였다.

"아무렇게나 생각하라지. 저들은 동요의 진실한 효용을 몰라서 그러는 거요……."
하고 그는 피식 웃었다.

동시 또는 아동문학에 대해 편견이나 잘못된 인식을 하는 문학인이 확실히 있다. 적어도 문학계에서는 그렇다. 그러나 음악계에서는 동요에 대한 편견은 결코 가지고 있지 않다고 나는 생각해 오던 터였다.

작곡을 하는 사람이면 으레 여러 편의 동요 작곡을 하게 마련인 것이다.

홍난파는 서정 가곡으로도 유명하지만 그의 동요곡은 더 없이 아름답고 우리 어린이의 의식에 뚜렷이 부각되어 있는 것이다.

그런데 굳이 동요 작곡가라고 한정해 버리는 것은 어쩌면 그 말 속에 또 다른 의미를 내포했는지 모를 일이었다.

그는 마음속으로는 어떻든 동요작곡가라는 다분히 빈정대는 듯한 지칭을,

"거, 뭐, 대수로운 일이오? 오히려 나는 명예스러운 일이라고 생각해요."
하고 담담하게 웃어넘기는 것이었다.

그의 이 말 때문에 우리 몇 사람은 그를 더욱 좋아하게 됐고 또 가까이 사귀게 됐으리라.

어린이 세계에 대한 인식, 동요에의 관심에 싹이 튼 것은 그가 봉천에서 살고 있었을 때였지만 신경에서 음악 활동을 벌이고 있을 때는 이미 숙명의 길처럼 심화되고 있었다.

가난과 구박 속에서 노래 없이 자라는 한국의 어린이들을 볼 때 그는 제 자신의 어렸을 시절의 모습을 보고 있다고 생각했기 때문이었다.

그 당시 동요에 대한 그의 애정은 어른 합창단에게 그가 작곡한 동요를 부르도록 고집을 부렸다는 것을 보아서도 알 수가 있다.

그는 합창단원들에게

"어린이들에게 우리의 동요를 많이 들려주어 부르게 해야 합니다. 그러기 위해서는 동요를 많이 지어 주어야 합니다. 제 나라 말로 된 노래를 부르지 못하고 자란 어린이는 그만큼 제 민족 제 겨레에 대한 인식을 갖지 못하게 됩니다."
하고 자주 말을 했다고 한다.

신경에 와서는 자원해서 성당의 어린이성가대 지도를 맡았다.

성탄절 가까운 어느 날 저녁이었다.

어린이들을 집에 돌려 보내고 그는 성당 안에 다시 들어와 파이프오르간 앞에 앉아 있었다.

그때 마침 친구인 K가 성당 안에 들어와 그에게 다가 갔는데 그는 인기척도 못 들었는지 꼼짝 않고 앉아 있었다.

K는 옆으로 가까이 다가갔다.

그런데도 그는 고개를 돌릴 생각을 않고 있었다.

'이상한 일이다! 무슨 생각을 골똘히 하고 있는 거야?' 하고 무심코 그의 얼굴을 들여다 본 순간, K는 깜짝 놀랐다.

그는 울고 있었다.

두 눈망울에 눈물이 함빡 고여 있고 두 뺨으로 쭈르르 흘러내리고 있었다.

그는 소리없이 울고 있었던 것이다.

K는 조심조심 말을 건넸다

"용하, 자네 웬일이야?"

그는 대꾸가 없다.

"지금 울고 있잖아? 무슨 언짢은 소식이라도 있나?"

"……"

"말 좀 해 보게. 별안간 왜 울고 있는 거야?"

그제야 그는 고개를 K에게로 돌렸다.

"언짢은 소식을 들은 것이 아닐세."

"그러면? ……"

"어린이들을 위해 노래를 지어 주고, 또 함께 노래를 할 수 있다는 것이 얼마나 감사한 일인가? 그것을 생각하니까 절로 눈물이 흘러나오는구먼!"

감격의 눈물이었던 것이다.

그때부터 이미 그의 가슴 속에는 어린이에 대한 애정과 동요작곡에 대한 정열이 가득 차 있었다. 그리고 이 애정과 정열은 해방 후, 또한 6·25 후에도 변함없이 이어져 왔던 것이다.

그의 선배, 혹은 동료 친구들 사이에 그에게 음악에 관한 이론적 기초가 없다는 점을 은근히 걱정하며 애석해 하는 사람이 없지 않아 있었다.

그가 주로 동요를 작곡하는 것도 결국은 음악적 실력이 딸리기 때문이라고 혹평하기도 했다.

이 말을 들으면 그는 걷잡을 수 없이 분개해 하며 이렇게 외치는 것이었다.

"녀석들! 동요에 깃들어 있는 깊은 예술성을 모르고 하는 소리야. 서양 음악의 이론을 깊이 알고 서양음악을 훌륭하게 이해한다고 해서 그것이 우리의 민족 음악에 어떤 보탬이 되느냔 말야? 우리는 서양 음악을 토착화시키고 민족 음악을 개발시키는 것이 더 긴급하단 말이야!"

그의 말로는 우리 민족 고유의 정서를 감각, 체험을 통해서 양적인 음정으로 재현하는 일이 더 시급하다는 것이었다. 이렇게 하기 위해서는 작곡의 실제적인 활동을 활발하게 벌여야 한다는 것이었다. 제 분수에 맞는 제 음악을 만드는 것이 더 급한 일이 아닌가 하는 생각이었다.

봉천 시절 때부터의 친구인 성악가 오현명이 한번은 이런 말을 그에게 한 적이 있었다. 6·25 전의 일이었다.

"윤 형, 이제는 나라도 새로 세워지고 모든 것이 질서가 잡혀질 테니 자격이 필요한 시대가 분명히 올 거요. 그러니까 무얼 배운다는 생각에 앞서 학교를 졸업해 두는 것이 어떻겠소?"

그의 성격을 알면서도 오랫동안 사귀어 온 친구로서의 성의 어린 권면이었다.

"무슨 학교요?"

"남산 음악학교 말이오."

그 무렵, 남산의 신사神社 자리에 음악학교가 막 세워졌던 참이었다. 현제명 씨를 중심으로 음악에 뜻이 있는 젊은이를 모으기 위한 의도에서였다.

학교 이름을 '남산 음악학교'라고 했는데, 훗날 서울대학교의 음악대학으로 흡수되었다.

오현명의 권면에 그는 고개를 흔들었다.

"오 형의 말은 잘 알겠소. 헌데 예술을 한다는 사람이 무슨 자격이 필요하단 말이오? 그 자격에서 예술이 나온답니까?"

" 내 말은…… 윤 형이 지금 작곡활동하기에 부족하다는 것이 아니라 앞으로 더 큰 역할을 하기 위해서는 좀더 배워 두어야 하고 또한 자격도 필요하단 말이오."

"작곡가의 자격증이 필요하다면 그때 가서 작곡을 포기하는 일이 있더라도 나는 자격을 얻자고 학교를 가지는 않겠소. 내 분수에 맞은 내 작곡을 하면 되는 것으로 나는 생각해요."

그는 그의 음악 예술에 대한 견해, 그리고 외곬 성격으로 인해 끝내 학교에 들어가는 것을 거부하고 말았던 것이다.

6·25 전후, 이 땅의 작곡가라야 열 손가락으로 세어도 충분 할 정도의 숫자였다. 그래서 그는 활발한 작곡 활동을 펼 수가 있었고 또 많은 작곡 작품을 세상에 내놓을 수 있었다.

그러나 세월이 흐를수록 그의 작곡 활동이 조금씩 벽에 부딪히게 되는 것은 어쩔 수 없는 추세였던 것이다.

그는 이 벽을 뚫고 나가려고 무진 애를 쓰고 있는 것 같았다.

언젠가 그와 나는 이러한 대화를 나누기도 했다.

"박 형, 동요만 가지고는 일류 작곡가가 될 수 없는 걸까?"

"윤 형, 그 '일류'라는 것은 무엇을 뜻하는 거요?"

"가령 명성이 높은…… 음악계에서 존경을 받는 그런 것을 말할 수 있잖겠소?"

"내 생각에는 모름지기 예술가의 창작 활동에 있어서는 명성을 얻는다든가 명예를 생각한다든가 그런 것을 앞세워서는 안 된다고 봐요. 그것은 순수한 창작 활동은 아니잖소."

"하지만 말이야, 작곡을 의뢰받거나 작곡료를 벌기 위해서는 멋진 명성이 필요한 거 같아. 더구나 한국적인 풍토에서는 말야."

"그럴지도 모르지요. 예술가도 먹고 살아야 하니까요, 그런데 예술가의 예술적인 평가는 그가 지어낸 작품으로 해야 하는 것이 아니겠어요?"

"내가 하고 싶은 말이 그 말이오. 헌데 우리 음악인들 사이에도 말야, 저 작곡가는 대학 출신이고 또 박사학위를 받았으니까 훌륭한 작곡을 해낼 수 있다고 생각들 하거든. 그런 생각이 지배적이란 말이오."

"학문적으로 그런 분들이 높은 대접을 받을 수가 있겠지요. 하지만 창작 작품은 학문이나 학위와는 무관한 거요."

"맞아, 박 형. 그런데 그렇지가 않은 것이 우리의 음악계요, 또 문단이라고 봐. 가령, 무슨 큰 행사에 쓰여지는 노래는 말야, 이른바 명성 있는 시인에다 학벌 좋은 작곡가에게 작사 작곡을 의뢰하기 마련이거든. 행사적인 노래니까 가사야 어떻든 작곡은 그래도 많은 사람이 즐겨 부를 수 있도록 지어야 하잖겠소."

"그렇지요. 시도 비록 행사적인 것이라도 차원 높은 시로 쓸 수가 있어요."

"그런데 형식적인 것, 외면적인 것만 내세워 의뢰하기 마련이란 말이오. 그래서 번번이 실패작을 만들거든. 많은 예산을 낭비해 가면서도 좋은 작곡은 안 된단 말이오."

"윤 형, 정말 훌륭한 작품은 어떠한 외면적인 조건에 구애됨이 없이 탄생된다고 봐요. 가령 말이죠, 청탁이 없더라도 우리의 창작 의욕이 불타서 써내는 작품이 정말 좋은 작품이 된다고 봐요."

"하지만, 창작에는 자극이란 게 있어야 하는 것 같아. 동기 부여 같은 거 말야. 청탁을 받으면 어쩔 수 없이라도 작곡을 하게 마련이거든."

"하긴, 나도 그래요, 윤 형. 청탁이 있어야 시 한 편이라도 쓰겠다는 생각을 갖게 되니까 말요. 헌데, 아까 윤 형이 동요만 가지고 라는 것은 무슨 말이오?"

"내가 말야, 비교적 동요를 많이 작곡하는 편이니까, 어떤 친구는 나를 우습게 본단 말야. 아니꼬와서……."

"그건 편견이에요. 아동문학가들 사이에도 그런 편견이 작용하고 있지요. 즉, 아동문학을 좀 격하해서 생각하는 사람이 있어요. 그건 크게 잘못된 생각이에요. 우리가 세계적이라고 보는 대문호들도 모두 어린이를 위한 훌륭한 동시·동화를 썼거든요. 나는 윤 형이 동요 작곡에 대한 애착 같은 것을 가지고 있는 것을 말예요, 정말 훌륭한 생각이라고 봐요. 후세에 오랫동안 남을 영원한 생명을 가진 동요곡이라면 말이죠, 그 동요작곡 하나만으로도 나는 훌륭한 작곡가가 되고도 남는다고 봐요."

"헌데 세상은, 그리고 현실은 그렇게 생각지 않으니까 탈이란 말요. 안 그러오, 박 형?"

"세상적인 것에 집착할 필요가 없지요. 나는 음악계는 동요곡에 대한 편견 곡해가 없는 것으로 봤는데……."

"그게 아니오. 어떤 작곡가는 동요작곡을 기피하기까지 하오."

"설마 그럴라구요?"

"그렇다니까. 그렇다구 그 양반이 굉장한 교향곡을 써내지도 못하면서 말야."

"윤 형, 나는 윤 형이 이제는 중견 작곡자로서 자리를 굳혔다고 봐요. 또 그동안 동요곡만을 작곡한 것도 아니잖소. 그러니까……."

"응, 무슨 말을 하려는지 짐작하겠소."

"내 생각에는 윤 형이 작곡의 폭을 좀 넓혔으면 해요."

그는 머리를 끄덕였다.

그리고 마음속으로 무엇인가를 깊이 생각하는 듯싶었다.

13.

그 해 가을도 퍽이나 저물어갔다.

피난살이의 예술인들은 오는 겨울을 하는 수없이 이곳 항도 부산에서 지내야만 했다.

그래선지, 모두 얼굴에는 체념의 빛이 감돌고 있었다. 어떻게든 그럭저럭 살아가고 있다는 모두의 일상에서, 조그마한 어떤 변화 같은 것도 찾아 볼 수가 없었다.

철새처럼 '밀다원' 에 모였다가 또 헤어지고, 또 하루가 지나면 또 모여들고……. 그러한 반추가 마냥 계속되었다.

끼니를 대기 위해 원고를 부지런히 쓰는 사람도 있었고, 또 무슨 시낭송의 밤이니, 음악회니, 전시회니 따위의 문화 행사를 열어보려고 부산하게 뛰어다니는 사람들도 있었다.

이 모든 것은 무료하게 지낼 수 밖에 없는 우리들의 타성에서 조금이나마 벗어나보려 한 몸부림 같은 것이었다.

어느 가을 밤 하룻밤은 시낭송의 밤을 가졌다. 하찮은 문학적인 행사인데도 많은 사람이 모였다.

대신동에 있는 어느 학교의 강당을 빌어서, 시인들이 자작시 낭독을 하는 그런 프로그램뿐이었다. 헌데도 학생들을 비롯해 초만원을 이루는 대성황이었다. 이 사실을 보아서도, 그즈음 우리들의 심정이 어떤 상황 속에 놓여 있었는가를 미루어 알 수 있을 만하다.

그런 행사적인 일이 끝나면, 또 한바탕 술자리였다. 가을이란 계절이 더욱더 감상적인 기분을 자극시켜 준 것이었다.

나는 친구가 발간하는 학생 신문에 글을 써 주기도 하고, 또 부산에서 창간을 본 대한기독교서회 발행의 《새벗》에다 연재물을 쓰기 시작했다.

《새벗》은 어린이 잡지였다. 적절한 때에 한국의 교회가 어린이들에게 읽히기 위해 펴내는 월간 잡지였다. 주간은 소설가 이종환 씨가 맡고 있었다.

나는 6·25 전란으로 인한 전쟁 고아문제가 필연코 사회문제화 되리라는 것을 예상하고, 이 문제를 주제로 한 소년소설을 구상했다.

제명은 이름하여 〈밤을 걸어가는 아이〉라고 붙였다.

동료 중 누구는,

"'밤에 걸어가는' 이지, 어째서 '밤을 걸어가는' 거냐?"
고 고개를 갸우뚱하기도 했다.

내가 우리말의 문법도 제대로 알지 못해서 그렇게 잘못 붙인 줄 아는 모양이었다.

그러나 내 딴에는 깊이 생각한 끝에 붙인 것이었다.

여기 밤이란 낱말은 6·25전란을 상징 언어로 처리한 것이었다. 전락 속에서 뭇 아픔을 겪어가며 살아가는 아이를 뜻하는 것이었다.

나는 6·25직전에 〈도시 속에 사는 아이들〉이란 장편을 써서 방송을 통해 연속 낭독된 일이 있었다.

그런데 그 작품을 출판하려던 과정에서 전란을 맞게 되어 그 원고를 몽땅 잃어버리고 만 것이다. 기억을 더듬어 그 작품을 다시 쓰게도 안 되고 해서, 새로 〈밤을 걸어가는 아이〉

를 써 연재를 시작했는데, 결국 이것이 나로서는 최초의 장편이 된 셈이었다.

또 그 무렵에 나와 매우 가까이 지내는 윤심원 전도사(지금은 재미목사在美牧師)가 있었다. 이분이 청소년적십자의 창설작업을 맡게 되어, 한국 적십자사 청소년부장을 맡으면서, 나더러 전란을 소재로 해서 청소년 대상의 영화를 한 편 만들자고 제안해 왔다. 그것이 시나리오를 쓰게 된 동기도 되었던 것이다.

한편, 가을이 짙어가면 갈수록 윤용하의 얼굴은 왠지 초췌해 가는 것만 같았다. 그를 만날 때마다 초췌해진 기색을 그의 얼굴에서 찾아볼 수가 있었다.

아마도 실마리의 끝을 찾아낼 수 없는 심리적 갈등 또한 그것으로 인한 거의 날마다의 폭음暴飮이 그의 육신을 조금씩 허물어뜨리고 있었는지 모르는 일이었다.

나는 그를 만날 때마다 마음속으로는,

'어서 작곡 창작의 의욕이 솟구쳐 나오기를! ……'
하고 바라곤 했다.

그러나 차마 그런 내 뜻을 입 밖으로는 내지는 못했다. 그의 초조해 하는 기분을 건드릴까 보아 염려하는 마음에서였다.

'지금쯤, 〈견우직녀〉에 열심히 손을 대고 있겠지 ……'
하고 은근히 기대할 뿐이었다.

천막의 음악교실도 '대한어린이합창단'도 지금은 신통치

가 않은 모양이었다.

　그런 말을 그가 좀처럼 나타내지는 않았지만, 자주 광복동에 나타나는 것을 미루어 보아서도 짐작할 수가 있었다.

　전시 동요작곡 발표회를 앞두고는, 정열을 그 일에 쏟을 수 있었고, 또 많은 시간을 그 일을 위해 보낼 수가 있었다.

　그러나 지금은 사정이 달랐다.

　작곡 발표회를 마치고 난 다음에는, 그 어떤 알지 못할 허탈감이 그를 엄습한 것 같았다. 음악을 향한 정열을 불붙일 대상을 얻지 못해, 안으로 안타깝게 타들어가고 있는 듯싶었다.

　전에는 그의 퀭한 두 눈동자에서 빛나는 정열의 빛을 찾아 볼 수가 있었다. 헌데, 지금은 그 눈빛조차 왠지 생기를 잃어 가고 있다는 생각이 들었다.

　나는 그를 만날 때마다

　'언젠가는 그의 두 큰 눈동자에서 내일을 거는 밝은 눈빛이 빛나 주기를! ……'

간절히 바라는 것이었다.

　하늘이 몹시 찌푸둥한 날이었다.

　기온도 제법 차가웠다.

　일력으로 봐서는 분명히 늦가을이라 해야 할 터인데, 초겨울도 더 지난 듯한 날씨라고 해야 옳을 것 같았다.

　길에 나다니는 사람도 모두 몸을 움츠렸다. 날씨 탓인지 분위기가 음산하고, 모두의 기분도 침울해 보였다.
 '첫눈이라도 내렸으면…….'
하고 나는 생각하면서 남포동 길을 걷고 있었다.
 제법 차가운 기운으로 봐서나, 또 잔뜩 흐려있는 하늘로 봐서 눈이 내릴 법도 한 일이었다. 하지만 부산에는 좀처럼 초겨울에도 눈이 내리지를 않는다. 바다에서 불어오는 끈끈한 바람이 눈이 내리는 것을 허락하지 않는다. 어쩌다 눈이 내린다 하더라도 땅에 쌓이지를 못하고 이내 녹아 버리고 마는 것이다.
 한데도 첫눈이 내렸으면 하는 바람은 마음이 조금이나마 상쾌해 보자는, 다분히 낭만적인 욕망에서였다.
 나는 걸음을 잠시 멈추고 하늘을 쳐다보고 있었다.
 그때, 내 어깨를 툭 치는 사람이 있었다. 보니까 윤 형이었다. 나를 만난 것이 좋았는 듯 씽긋 웃는 것이었다.
 "아, 윤 형! 한 이틀 못 만난 것 같은데……."
하고 웃음을 지으며 내가 말을 건넸다.
 "그렇게 됐군."
 "어디 갔었어요?"
 "아니, 내가 거리에는 나왔는데 박 형과는 못 만났던가?"
한다. 지난 하루나 이틀 동안, 나를 만났는지 못 만났는지 기억하지 못 하는 것 같았다.
 나는 가만히 웃었다. 그리고

"못 만났지요. 나는 윤 형이 안 나왔을 줄 알았지요."
하고 말했다.

"그건, 그렇구…… 박 형, 지금 어디 가지요?"

"정한 데가 없어요. 그냥 걷고 있던 중이에요."

"남포동 거린데?"

"걷다 보니까 그렇게 됐어요."

"하늘은 왜 쳐다본 거요?"

"잔뜩 흐려 있길래, 혹시 첫눈이라도 내릴까 싶어서……."

"하, 그랬었군."

"윤 형은 내가 뭘 하는 줄 알았어요?"

"잔뜩 흐려있는 하늘을 원망하는 줄 알았지. 그 하늘에서 하얀 눈이 내리기를 기다리는 그 마음은, 역시 박 형다워……."

"눈이 내릴 것 같은데 좀처럼 안 내리는 걸 보니까, 부산에서는 눈 구경도 하기가 어려운가 봅니다."

"한 겨울이 되면 안 내릴려구. 그건 그렇구…… 박 형, 어디 정한 데 없으면 나하구 저기 갑시다."

"'밀다원' 예요?"

"아니야, 오늘은 '왕궁'에 갑시다."

"왕궁?"

"왜, 싫소?"

"싫은 건 아니지만."

"그런데?"

"윤 형이, 그 다방을 덜 좋아하잖아요? 실내 공기가 침울하다면서요······."

"헌데, 오늘은 '왕궁'에 가고 싶소."

"그래요?"

"그리 가지."

"그러지요."

우리는 '왕궁' 쪽으로 걸어갔다.

왕궁은 지난 이른 봄 J 시인이 극약을 먹고 자살해 죽은 그 다방이었다. 그런 우울한 사건으로서만 아니라, 지하실 다방이어서 다방 분위기가 조금은 우중충했다. 실내장식도 그런 기분을 자아내기에 알맞았다.

다만 지하로 내려가는 계단에 주홍색 융단을 깔아 놓아서 왕궁 같다고나 할까······.

다방 안은 조금도 궁전 같은 멋을 찾아볼 수가 없었다. 비록 우중충하지만 손님이 들끓지 않아서 조용한 맛은 있었다. 조용히 쉬고 싶은 사람들이 찾을 만한 다방이었다.

나는 그가 이 다방에 들어가는 것을 한 번도 본 일이 없었다.

더구나 시인의 자살로 인한 충격 때문에, 다른 예술인들조차도 이 다방에 들어가는 것을 경원했다.

윤용하 그 자신도 결코 유쾌하지 않은 그 분위기 때문에 '왕궁'에는 가지 않는다고 한 말을 언제인가 들은 적이 있었다.

그러했던 그가 오늘따라 느닷없이, 더욱이 잔뜩 찌푸린 저

기압의 날씨인데, 다른 다방도 아닌 그 '왕궁'으로 가자고 권유하는 것은 어떤 연유에서일까?

적이 괴이쩍게도 생각되는 것이었다.

"윤 형, 정말 이 다방에 들어갈 거요?"

나는 다시 한 번 더 물었다.

주홍빛 융단을 깔아놓은 계단을 밟으며 앞서 내려가던 그는 나를 돌아보며,

"실은, 오늘은 왠지 이 다방에 와 보고 싶어서 집에서 나온 거요."

하고 말하고는 씨익 웃었다.

헌데, 그의 씩 웃는 웃음이 나를 섬뜩 소름끼치게 하는 것이었다.

"이상한데요?"

"뭐가 이상해……?"

"아니오, 윤 형! 다른 다방으로 갑시다."

나는 그의 팔을 붙잡았다.

"박 형, 여기 다 왔지 않소!"

그는 완강히 저항하면서 끌리지 않았다.

"다른 다방으로 가자니까요!"

"이 다방도 사람들이 드나드는 다방인데 박 형은 뭘 그러는 거야? 이 다방 주인이 들으면 싫어하겠소."

그렇기도 했다. 윤 형의 말이 옳을지는 모른다.

환자들이 병원에서 죽어 나갔다고 해서, 우리가 그 병원에 찾아가 치료받기를 거부할 것인가? 그렇지는 않은 법이다.

죽음을 가까이 느낄 수 있는 데서 멀리 떨어져 있다 해서 우리가 죽음을 멀리 할 수는 없는 것이다.

죽음을 가까이 느끼는 것이 곧 죽음을 빨리 맞이하는 것이라면, 장의사의 아들 딸들은 친구도 없어야 하고, 결혼도 할 수 없어야 한다. 그러나 세상은 그렇지 않다.

어떤 사람은 사자死者의 수염을 깎아 주는 면도사로서 일생을 그 직업 하나만으로 살았다는데, 90세까지 살았다고 한다. 그가 말끔하게 수염을 깎아주어 저승에 얼굴을 씻고 가게 한 사자가 무려 만여 명이 넘는다는데, 물론 이 이야기는 기네스북 감이다.

아무튼 윤 형을 만나 그가 '왕궁'에 가서 차를 한 잔 나누자는데, 내가 괴이쩍게 여길 필요가 뭔가?

모를 일이었다.

어떤 괜한 불안이, 그것이 결코 괜한 것이 아닐지 몰라도, 하여튼 그 불안이 나를 감싸고 있었다.

여느 때는 안 그러던 그가, 더욱이 왠지 모르게 '왕궁'에 가고 싶다는 마음이 불현듯 일어나, 여기까지 단숨에 걸어왔다는 것이 아닌가.

그의 이런 행동을 볼 때, 나는 괴이쩍게 생각할 수밖에 없었고, 또 뭔지 모를 불안감에 휩싸일 수밖에 없었던 것이다.

'다른 다방으로 가지. 오늘, 가뜩이나 우중충한 날씬데, 그의 심경에 어떤 충격적인 자극을 받을지도 모른다. '왕궁'은 피하는 것이 좋겠다. 아무래도 그러는 것이 좋겠다. 나는 그의 팔을 꽉 붙들어야 한다⋯⋯.'

내가 주홍빛 융단이 깔린 계단 한 곳에 주춤 서서 이렇게 생각하고 있는데, 앞을 보니까 내 앞에 있어야 할 그가 없다.

순간, 층계 아래로 끝없이 내려가다가 그가 소리 없이 사라지고 만 것 같은 착각이 들었다.

하지만, 이 층계의 계단은 '왕궁' 출입문으로 이어져 있다. 나는 황망히 출입문을 열고 '왕궁' 안으로 몸을 디밀었다.

환한 전등 불빛이 눈망울 안으로 스며들었다. 그 동안 채광을 좀 높인 모양이었다. 채광이래야 창문으로 받아들이는 빛이 아니니까 전등의 촉광을 늘리면 되는 것이다.

오늘같은 우중충한 날은 바깥보다 '왕궁' 안이 더 환하고 밝다는 생각조차 들었다.

나는 다방 안을 두리번거렸다. 윤 형을 찾기 위해서였다. 계단을 다 내려왔으면 분명히 이 다방 안으로 들어왔을 것이 아닌가.

그런데 얼른 눈에 띄지가 않는다. 이상한 일이다. 그가 정말로 한없이 계단 밑으로 내려간 것이 아닐까?

이런 어처구니없는 생각이 들다니⋯⋯.

그 때,

"어서 오셔요."

예쁘장한 얼굴의 레지가 반기는 듯 내게 말을 건넨다.

다방의 이미지를 새롭게 하기 위해, 예쁜 얼굴의 레지를 채용하여 미소 작전을 쓰고 있었다.

그러나 지금 그녀의 미소를 감상할 만한 여유가 없었다. 나는 다짜고짜로

"지금 손님 한 사람 막 들어왔죠?"

하고 물었다.

그녀의 미소는 금세 의아스런 표정으로 바뀌었다. 쫓기는 자와 쫓는 자로 생각했던 모양이었다.

"왜 그러세요?"

"들어왔죠? 그것만 대답해요!"

"네, 들어왔어요."

"어디 앉아 있소?"

"저기 앉아 있잖아요?"

그녀는 다방 한 구석을 가리켰다. 그쪽을 보니까, 그가 싱글벙글 천연스럽게 앉아 있는 것이 아닌가.

방금 전에 다방 안을 휘둘러 보았을 때는 분명히 그 자리에 앉아 있지 않았다. 헌데, 지금은 앉아 있는 것이다.

나는 무슨 귀신한테 홀린 듯한 기분이었다. 아니면, 나 혼자 괜한 엽기적인 환상에 빠지고 있는지도 모른다.

나는 그에게 다가갔다.

"박 형, 따라 들오잖구 뭘 했소?"
하고 그가 말했다.

나는 아무 말 없이 그의 앞자리에 앉았다.

레지가 쪼르르 쫓아와서 주문을 받는다.

나는 커피를 시켰는데, 그는 홍차를 원했다. 그리고는

"'왕궁'의 기분이 생각보다는 괜찮은데……."
하고 다시 씨익 웃는다.

그가 왜 갑자기 '왕궁'에 오고 싶은 생각이 들었을까? 나는 그 생각만을 하고 있었다.

그도 별로 말이 없었다.

이 다방에 오자고 권유한 것은 그였는데, 나하고 해야 할 이야기가 있어서 그랬던 것은 아닌 듯싶었다.

아무튼 얼마의 시간이 흘렀다.

그는 줄곧 어떤 골똘한 생각에 사로잡혀 있는 듯싶었다.

그러다가 마침내 괴이한 일이 일어나고야 말았다.

내가 잠깐 자리를 비운 사이, 그는 온데간데없이 사라지고 말았다. 내가 변소에 갔다 돌아오니까, 그는 자리에 앉아 있지 않았던 것이다.

어디 간다는 말도 없이, 그는 가버린 것이었다.

그가 아무 말 없이 혼자서 슬쩍 자리를 뜬 적은 여태 없었다.

14.

"이봐요, 나하구 함께 앉아 있던 사람 말이오, 어디 간다구 일러놓고 나갔소?"
하고 나는 레지에게 물었다.
"아녜요."
하는 레지 아가씨의 대답이었다.
"어디 갔을까?"
"저두 나가시는 걸 못 봤어요. 먼저 나가셨네요."
그녀는 고개를 갸우뚱한다.
나는 얼른 차값을 치르고 그곳을 빠져나왔다. 왠지, 그를 찾아야 한다는 생각이 나를 꽉 잡고 있었다.
남포동으로 나와서 좌우를 살펴보았으나, 그의 뒷모습은 보이지가 않았다.
생각할수록 오늘 그의 거동은 수상쩍었다. 아무리 해도 수상쩍다고 생각할 수밖에 없었다.
느닷없이 '왕궁'에 가자는 말을 꺼낸 것부터가 그에게는 범상스런 일이 아니었다. 그런데, 그 왕궁에 아무 말 없이 앉아 있다가, 또 몰래 나가버리다니…….
그가 어떤 알지 못할 이상한 힘에 끌려다니는 것만 같았다.
그런데다 오늘 그에게 무슨 괴이쩍은 일이 생길 것만 같은 불길한 느낌이 내게서 떠나지 않았다. 그래서 더욱 그의 행동에 관해 이렇듯 안절부절 못하는 것이었다.

그가 어디로 갔을까? 내게 아무 말도 없이…… 나를 만나서는 그냥 헤어진 적이 없었던 요즈음이었는데…… 술 생각이 나서 먼저 선술집에라도 갔단 말인가?

아무튼 그를 찾아보자. 그를 찾아야만 내게 휘몰려오는 정체모를 불안감이 가실 것만 같았다.

잔뜩 찌푸린, 제법 쌀쌀한 날씨는 마침내 찬비를 처뚱처뚱 뿌리기 시작하고 있었다. 첫눈이라도 내렸으면 했었는데, 그 바람은 사라지고 때늦은 차가운 빗방울이 떨어지는 것이었다.

나는 남포동의 몇 술집을 기웃거려 보았다. 그가 잘 다니는 술집들이었다. 저녁 무렵이지만 죽치고 앉아 술을 마시기엔 아직 이른 시간이었다. 하지만 궂은 날씨로 인해서 일찌감치 자리잡고 앉아있을 법한 일이었다.

그러나 내가 둘러 본 몇 술집에는 그가 없었다. 그는 좀처럼 혼자 술 마시는 성미도 아니거니와, 또 그럴 만한 재력도 없었다.

그는 누구와 어울려 마셔야만 술맛이 난다고 했다. 하지만 오늘은 안 그럴 수도 있었다. 오늘 그의 거동은 범상에서 벗어난 것이었으니까…….

광복동 뒷길과 국제시장 근처 골목에도 다 돌아다녀 봤다. 역시 그를 찾아낼 수가 없었다.

그러다가 불현듯 내 머리에 스치는 한 생각이 있었다. 왜

진작 그런 생각을 못했을까.

나는 송도 쪽으로 가는 버스를 바삐 집어탔다.

'송도 바닷가로 가 보자!'

무당이 신들리듯, 그는 결코 술에 들려있는 것만은 아니다. 지난날의 그리운 추억, 또는 내일의 희망적인 생각에 골몰해 있을 수도 있는 것이다. 정녕, 그가 송도 바닷가에 가서 그 어떤 바위 위에 아무렇게나 앉아 있을 것만 같은 생각이 불현듯 들었던 것이다.

송도행 버스는 빨리 달려가 주지는 않았다. 나는 조바심이 났다.

택시를 탈 걸 그랬나 싶었다. 하긴 택시를 탈 만큼 돈의 여유도 없었다.

내가 몇 군데 술집으로 찾아 돌아다녔기 때문에 그러한만큼 시간이 걸렸다. 그래도 택시를 탔으면 시간을 단축시킬 수가 있었을 텐데, 버스를 탔으니 하는 수 없었다. 버스가 빨리 굴러가 주기만을 바랄 뿐이었다.

송도 바닷가에 다다랐을 때는 황혼이 깔리고 있었다.

전에 그와 함께 갔던 일이 있는 그 바닷가를 향해 바삐 걸음을 옮겼다.

그는 거기 있었다. 내 예상대로였다.

좀은 외진 곳에, 바위가 들쭉날쭉한 기슭의 어느 한 곳에, 조용히 앉아 있었다.

나는 먼 발치서 그의 모습을 확인하고는 걸음을 늦추었다. 안도의 한숨이 절로 내쉬어졌다.

나는 조심스러이 접근해야 되겠다고 생각했다.

그는 어쩌면 그 어떤 망령에게 끌리어 이곳에까지 왔는지도 모른다.

내가 섣불리 다가가면 내 인기척에 자극을 받아, 저 바닷물 속으로 첨벙 뛰어들지도 모른다는 생각이 들었기 때문이었다. 이 생각은 내 억측일지도 모르지만, 꼭 그렇게 될 것만 같았다.

나는 조심조심 그에게 가까이 걸어갔다.

그는 내 발자국 소리를 들었는지 못 들었는지, 내 인기척을 느꼈는지 못 느꼈는지, 꼼짝 않고 앉아 있을 뿐이었다.

앞의 바다 쪽을 멍하니 바라보고 있었다. 마치 한 개의 화석 같았다.

전란의 피난살이 고생을 견뎌내다 못해, 어느 망령이 하자는 대로 끌리어 해안에 나와서는, 어느 새 한 개의 외로운 화석이 되어버린 것만 같았다.

나는 아주 옆에 다가가 섰다.

잠시 동안 숨을 돌렸다.

그러고는 나직한 목소리로

"윤 형!"

하고 불렀다.

그는 아무 대답이 없다. 고개도 돌리지 않았다.

혹은 내 부르는 음성이 저 파도 소리에 휩쓸려 갔는지도 모른다.

나는 목소리를 조금 크게 하여

"윤 형!"

하고 다시 불렀다. 그래도 아무 반응이 없었다.

그는 지금 꿈을 꾸고 있는 것인가? 정말 제정신이 아닌 상태에 있는 것인가?

이번에는 한 손으로 그의 어깨를 붙잡고 흔들면서

"윤 형!"

하고 불렀다.

그제야 그의 몸이 움찔 흔들렸다. 고개를 돌려 퀭한 두 눈으로 나를 바라보더니 입을 움직거렸다. 무슨 말을 하려는 것 같았다.

나는 그의 입에서 어떤 말이 새어나오길 기다렸다.

한참 만에 그는,

"박 형 아니오? 여긴 왜 왔소?"

하고 말했다.

그는 잠에서 막 깨어난 듯싶은 표정이었다.

저녁 바다를 배경으로 한, 석양의 어스름 속에 비쳐 보이는 그의 얼굴은 사뭇 신비로운 영상을 보는 것 같이 느껴졌다.

"어째 여기 왔느냐고, 내가 묻지 않소?"

그가 다시 말했다.

나더러 어떻게 여기 왔느냐고 묻는 것이, 그가 아무래도 제 정신이 아니라고 나는 생각했다.

"윤 형을 쫓아 왔지요. 윤 형을 찾아서 말이오."

하고 내가 대답했다.

"뭐라고? 나를 찾아서 여기 왔다구?"

"그래요."

"그럼, 내가 여기 오기 전에 박 형과 함께 있었단 말이오?"

"그렇죠, 생각이 안 납니까?"

"모를 일이야……."

그는 고개를 설레설레 흔들었다.

"나하구 다방에 함께 앉아 있었는데……."

"그래, 누군지 함께 앉아 있었던 것만 같애!"

"그런데, 윤 형은 슬그머니 나와서 이곳에 온 것이 아니오?"

"여기는 어디요, 박 형?"

"어딘지 모르고 여태 앉아 있었소?"

"바닷가가 아니오? 송도 가까이 있는……."

"그래요. 나하구 한 번 같이 온 적이 있죠."

"그렇군. 여기야……."

그는 좌우를 한번 휘돌아보았다.

그러고는 내게

"내가 왜 여기 왔지?"

하고 묻는 것이었다.
이렇게 되면 내가 마치 꿈을 꾸는 것 같았다.
나는 어리둥절해서 무슨 말을 해야 할지 갈피를 못 잡고 있었다.
그는 그 자신이 이곳에 온 것을 인식 못하고 있었다. 그러면 지난 몇십 분 동안 환상 속에서 헤매고 있었단 말인가? 그렇다. 그는 분명히 환상에 빠져, 저도 모르는 행동을 취하고 있었다.
무엇이 그로 하여금 그렇게 했을까?
모를 일이었다.
조금 뜸한 것 같던 찬비가 다시 처뚱처뚱 뿌리기 시작한다. 바닷바람도 차가웠다.
어서 여기서 떠나야 한다. 윤 형을 데리고…….
"자, 윤 형, 돌아갑시다. 찬비를 맞으면 덜 좋아요."
하고 내가 말했다.
"아니, 내가 왜 여기 왔는지 생각해 봐야겠소."
하고 그는 움직이려 하지 않았다.
"날이 저물었어요. 그리구 찬비가 내리기 시작하는데…… 어디 가서 막걸리라도 마시면서 생각해 봅시다. 그렇게 하는 것이 안 좋겠소?"
나는 그의 팔을 끌었다.
"그래야겠군."

그제야 그는 일어섰다.

얼마의 시간인지 모르나, 아무튼 환상의 시간, 환상의 세계 속에서 그는 다시 현실 세계로 되돌아온 것이다.

그 길로 돌아와 우리 둘은 광복동 뒷골목의 어느 작은 막걸리 집에 마주 앉았다.

대포 한 잔을 한숨에 들이켜고 나서는, 그는 입을 열었다.

"박 형, 내가 박 형을 오후녘에 만났단 말이지요?"

"그렇소. 남포동 길에서……."

"그래, 만난 것 같애."

"만난 것 같애가 아니에요. 만났어요. 날더러 '왕궁'에 가자고 했어요."

"'왕궁' 이야. 거기서 누가 만나자고 했어."

"누구가요?"

"그게 모르겠어. 헌데, 나보구 그리 나오라구 했거든."

"'왕궁'은, 윤 형이 좀처럼 안 가는 다방이 아니오?"

"그런데 '왕궁'에서 만나자는 거야. 그래서 찾아간 거야."

"윤 형, 그 '왕궁'에는 나하고 함께 갔어요."

"박 형하구 함께?"

"기억이 안 나세요?"

"모르겠어……. 헌데, '왕궁'에 가서 잠시 앉아 있자니까, 그가 나타났어. 내게 다가왔거든."

"그가 누군데요?"

"그런데, 그가 누군지 알 것 같은데 모르겠단 말이오. 얼굴도 많이 본 얼굴 같기도 하고, 한데도 모르겠단 말이오."

"그래서 어떻게 됐어요?"

"그 사람이 나하구 함께 좀 나가자구 하더군. 긴히 할 이야기가 있다면서 말이오."

"윤 형, 그래서 따라 나섰어요?"

"따라 나섰어. 그가 하는 말을 거절할 수가 없었소. 왠지 그랬단 말이야. 그에겐 이상한 힘이 있어 나를 꽁꽁 얽매어 놓고 있는 것 같았소."

그는 그때 일을 기억에 더듬는 듯 허공을 쳐다보았다.

내가 변소에 가고 없는 사이에 그가 '왕궁'을 뛰쳐나간 것은, 어떤 정체 모를 이상한 힘에 끌려 저도 모르게 행동한 것임을 나는 짐작할 수가 있었다.

그 정체 모를 힘이 무엇이었을까? 얼굴을 알 듯 모를 듯한 그 사나이가 누구였을까? 혹시 그는 망령의 환상을 본 것이 아니었을까?

나도 대폿잔의 막걸리를 한숨에 들이켜고는, 다음 말을 재촉하듯 그의 얼굴을 지켜보았다.

그의 눈에는 사뭇 요기가 서리는 듯 느껴지기도 했다.

그는 다시 입을 열었다.

"그가 나를 데리고 간 곳이 어딘지 모르겠소. 어떤 무연한 벌판 같기도 하구, 무슨 동굴 속 같기도 하구……."

"무슨 말을 안 하던가요?"

"왜 안 하겠소. 나를 꾸짖는 듯한 음성이었는데, 무슨 말이었는지 잘 기억이 안 나는군. 그땐 너무 분명했었는데 기억을 못 하다니 이상한 일이야."

"한 마디도 기억이 안 나요?"

"가만있자……. 아, 그래. '헛되이 하지 말라', 무어 그런 말을 한 것 같아. 그 한 마디 말은 생각나는군요, 박 형……."

"윤 형은 잠시 동안 환상 속에서 헤맨 것 같아요. 아무튼 내가 송도 바닷가에서 찾았으니 다행이오."

"그런 것 같애. 한데 내가 왜 송도 바닷가로 갔을까?"

"어떤 그리움 같은 것을 더듬고 있었는지 모르지요. 그 그리움이 뭔지는 몰라도 말이지요……."

대화는 여기서 잠시 멈추었다.

그 자신도, 제 모르는 사이에 가졌던 기이한 행동을, 마치 풀 수 없는 수수께끼처럼 생각하는 모양이었다.

밖에서는 찬비가 계속 내리고 있었다.

15.

그날 밤, 나는 주머니를 다 털어서라도 윤 형과 함께 술을 마시고 싶었다. 아니, 그와 오랫동안 자리를 함께 해야 한다고 생각했다.

　내가 그에 대해 느꼈던 이상한 불안감의 해소와 더불어 환상적인 순간에서 얻은 미묘한 충격으로 술을 왕창 마시고 싶었다. 또 흥건히 취하고 싶었다.

　얼마의 시간이 더 흘렀는지 모른다.

　또 둘 사이에 어떤 이야기가 더 오갔는지 모른다.

　또 밖에 찬비가 계속 내리는지 아니면 진눈개비로 변했는지 그것도 아랑곳하지 않았다.

　막걸리의 술 주전자가 몇 개째 더 들어왔는지 개의치 않는다.

　취기가 우리들의 온 몸을 감싸고 있었다. 아까와는 달리 기분이 매우 들떠 있었다.

　젓가락을 두드리며 노래도 불렀다.

　오늘 밤, 손님두 별로 없거니와 궂은비로 인한 울적한 기분에서인지 우리가 노래하며 떠들썩하는 것을 술집 주인도 마다하지 않았다.

　그런 시간이 지나고 있을 때였다.

　별안간 그의 표정이 굳어졌다.

　이 집에 처음 들어왔을 때 보이던 그런 표정이었다.

　비록 술기운에 처져 있었지만 나도 시선을 가누면서 그를 쳐다보았다.

　그러자, 그는

"아니야, 박 형."
하고 말했다.
"뭐가 아니에요?"
"이게 아니야……."
"뭐가 이게 아니란 말이에요? 갑자기 윤 형이 왜 또 이래요?"
하고 내가 다시 물었다.

그는 술기운이 팽창해 있는 중인데도 또박또박 이렇게 말하는 것이었다.

"박 형, 내 말은 우리가 이러구만 있을 때가 아니란 말요."
"그러면?"
"아무리 피난살이에 곤고한 생활을 겪고 있더라도 말이오 뭔가 이 시대를 증언할 것을 남겨야 했소."
"이 시대를 증언할? ……"
"그렇소. 우리가 이 암울한 시절을 참고 견뎌가며 이겨냈다는 것을 보여줘야겠단 말이오."
"무엇으로요?"
"무엇이겠소? 작품이지요, 박 형!"

그가 지금 하고 있는 말은 결코 술취한 사람이 하는 말 같지가 않았다.

나도 그의 말을 들으며 또 반문하면서 얼만큼 취기가 확 가시는 것이 느껴졌다.

그는 말을 이었다.

"박 형! 나는 가곡을 쓰고 싶소. 갑자기 이 욕구가 불현듯 일어나는구려."

"윤 형이 가곡을 작곡한다면 더할 나위 없이 아름다운 가곡이 될 거요."

"사실은 전부터 곰곰이 생각해 본 건데, 전란통에 자란 어린이가 청소년이 되었을 때 부를 적당한 가곡이 없어요. 그런데, 저들에게 퇴폐적인 대중가요를 부르게 할 수는 없지 않소?"

"그렇지요. 백 번 옳은 말이오."

"이렇게 버려진 상황에서 버려진 사람들의 마음을 순화시키고 또 꿈도 불러일으킬 수 있는 그런 노래를 만들어 봅시다. 서정성이 담뿍 흐르는 가곡 말요. 그런 가곡의 가사라면 박 형만이 써낼 수 있다고 봐요."

"좋아요. 가사 작시는 내가 맡지요."

"한 주일에 한 편도 좋고 두 편도 좋고 써지는 대로 내게 주면 내가 즉각 작곡하겠소."

"당장 오늘 밤부터 쓰겠소."

"좋아! …… 오늘 밤은 보람 있는 한 잔 술이었군요!"

그는 껄껄 웃었다.

그리고 내 두 손을 덥석 잡는 것이었다.

"해봅시다! 헌데, 윤 형도 이제는 부지런히 작곡을 해야 하오!"

"여부 있소! 박 형의 시작詩作이 달릴 테니 두고 보시오!"

이 대화를 마치고는 둘은 술집에서 나왔다.

중요한 한 순간을 지냈다는 생각이 들어서 더 이상 술을 마실 수가 없었기 때문이었다.

우리는 2, 3일 후 다시 만나기로 약속하고는 헤어졌다.

차가운 빗방울이 내 머리를 씻어주고 있었다.

새벽녘에 언뜻 잠이 깨었다.

머리맡에 놓여있는 냉수 그릇을 들어 벌컥벌컥 마시고 나니까 새 정신이 돌아오는 것 같았다.

어젯밤 일이 기억에 떠올랐다. 주머니를 다 털 생각이었으니까 굉장히 마셨구나 싶었다. 아직 골치가 띵하기도 했지만 잠이 올 것 같지가 않아 나는 원고용지를 꺼내 앞에 놓았다.

그렇지, 내가 가곡의 가사를 써 주기로 약속했지. 멋진 서정가곡을 만들자는 약속을 했지.

"오늘부터 한 편씩 쓰자!"

하고 나는 혼잣말을 중얼거리면서 발상을 잡으려고 마음을 가다듬고 있었다.

"어떤 소재로 쓸까?"

나는 곰곰이 생각을 더듬으면서 주제와 소재를 찾아내려 했으나 좀처럼 잡히지가 않았다.

그때 불현듯 간밤의 꿈이 떠올랐다.

지난밤의 꿈속에서 나는 고향 땅의 어느 둔덕을 걸어가고 있었다. 내가 어렸을 시절이었다. 그러니까 꿈속의 나는 어린이였다.

이른 봄의 계절인 듯싶었다.

둔덕길이 있는 비탈진 벌판에 보리가 푸른 바다를 이루고 있었다.

바람이 불어오면 마치 물결처럼 출렁였다.

어느새 나는 보리밭의 사잇길로 혼자 터벅터벅 걷고 있는 것이었다.

봄 하늘 높이서 종달새가 지저귀었다. 쳐다보면 종달새는 잘 보이지가 않았다. 종달새의 아름답고 맑은 소리는 귓가에 가까이 들리는 듯싶은데 종다리는 얼른 눈에 띄지가 않았다.

하늘가로 한참 동안 눈길을 더듬다가

"아, 저기 있네!"

파란 하늘가에 한 점 까만 점을 발견했다.

보일 듯 말 듯이 까마득히 떠 있는 종달새인데, 그 소리는 보리밭의 하늘을 쫑쫑 울리는 것이었다.

그러다가 불현듯 서쪽 하늘에 활활 타오르는 불길을 보았다.

폭격을 맞고 불타는 어느 시골집으로 보였다.

그런데 자세히 보니까 그게 아니었다. 그것은 저녁놀이었다. 저녁놀이 어쩌면 타오르는 불길같이 빨갛게 하늘을 물들이고 있었다.

그런데 어느새 나는 한 마리의 종달새가 되어 빨갛게 타는 저녁놀 속으로 날아가고 있었다.

그러다가 까만 한 점이 되어 사라져버리고 마는 것이었다.

그런 꿈이었다.

전란통에 지친 나의 심층심리가 고향의 어린 시절을 그리워했기에 이처럼 꿈으로 보여지는구나 싶었다.

그때

"아, 이것을 서정시로 쓰자!"

는 생각이 들었다.

나는 꿈의 내용을 정리해 가면서 한 행 한 행 적기 시작했다.

시제詩題를 '옛생각' 이라 했다.

몇 번 다듬고 깎아내고 한 후, 다음과 같이 짤막한 서정시 한 편을 써 냈다.

    보리밭 사잇길로

    걸어가면

    뉘 부르는 소리있어

    나를 멈춘다.

    옛 생각이 외로워

휘파람 불면

고운 노래 귓가에
들려온다.

돌아보면 아무도
뵈이지 않고

저녁놀 빈 하늘만
눈에 차누나.

  내가 어렸을 때 보리밭의 이미지는 조국 땅의 얼굴과 같은 것이었다. 그래서 이 시 속에서 우리 민족의 토착적인 애수를 보리밭으로 암유해 보고 싶었던 것이다. 내 딴에는 보리밭에서 풍겨오는 이미지가 그런 것이 아닐까 생각해 본 것이고, 또 이 민족의 애수적인 정서를 동양적인 정관(靜觀)과 연결시켜 보았다.
  맨 마지막 연(聯)의

저녁 놀 빈 하늘만
눈에 차누나.

를 그렇게 생각해 봤는데, 아무튼 이상을 추구하다 지쳐 있는 우리 마음속에 조금은 허무적인 것과 한국적인 애수가 저녁놀처럼 승화되어 곱게 번져가는 것을 나는 이 시구에다 압축시키고 함축시키려 했다.

"저녁놀이 서쪽 하늘에 가득 번져 있는데, 어째서 비인 하늘인가. 그것도 왜 뷘 하늘이라고 야릇한 글자를 써 넣었는가?" 하고 혹 어떤 분은 내게 이의를 제기해 올 만도 했다. 하지만 내 딴에는 그런 표현에도 까닭은 있었다.

이제 말대로 저녁놀을 허무의 표상처럼 생각해 본 것이고, '뷘 하늘'의 '뷘'은 '비어 있는' 객체적인 상황이 아니고, '뷔어 있게 하는' 주관적인 행위를 우리의 옛말 그대로 차용해서 '뷘 하늘'이라고 아닌 게 아니라 야릇하게 표기한 것이다.

나는 이 서정 소품을 원고용지에다 곱게 옮겨 쓰고는
'괜찮아 보인다.'
하고 스스로 적이 만족해했다.

내일 모레 그를 만나면 우선 이 〈옛생각〉을 줄 참이었다.
'너무 쉽게 썼다는 선입견 때문에 이 시 속에 숨겨져 있는 뜻을 알아내지 못하면 어떡허나?'
하는 은근한 걱정도 없었던 것은 아니었다.

이틀 후에 그를 만났다.

만나자마자 〈옛생각〉을 그에게 보였다.

그는 시고를 받아 들고 읽고 나더니 당장은 쓰단 달단 말이 없었다.

'내 시를 얕잡아보고 읽는 것이 아닌가?'
하는 생각이 들어 조금은 불쾌해지기도 했다.

하지만 그의 코멘트를 기다려야만 했다.

헌데도 그의 입에서는 무슨 말이 떨어지려 하지 않았다.

조바심이 난 내가 좀 뿌루퉁해서 물었다.

"윤 형, 이 시가 맘에 안 드는 모양 아니야?"

그러자 그는 정색을 하며 입을 열었다.

"아니야, 그게 아니야!"

"그런데요?"

"시가 좋아서 그러오."

"헌데, 작곡을 붙이기가 무리스러워요?"

"그것이 아니라니까! 좋은 가곡이 될 수 있을 것 같소."

그 말을 듣고 나는 안심이 되었다.

"한데 그 시를 읽고 왜 머뭇거렸지요?"

그는 내 얼굴을 쳐다보았다.

"박 형, 나는 이 시 속에서 지금 무엇을 찾고 있었소. 내가 바라던 무엇이 이 작품 속에 숨어 있는데, 그 숨어 있는 것을 얼른 찾아낼 수가 없어서 잠시 망설이고 있던 거요."

"아, 그랬었군요."

"가곡의 가사는 좀 짧아야 해요. 박 형이 그 점을 터득하고 있으니까 역시 음악을 아는 시인이오!"

"그런 과찬일랑 마시고, 윤 형, 작곡할 만합니까?"

"지금 멜로디가 떠오르는 것 같애. 옛생각이라……. 이 시를 읽으니까 나도 옛생각이 떠오르는 것 같아, 핫하……."

그의 얼굴 근육이 풀어지며 크게 웃어댔다.

옆 사람이 힐끗 그를 쳐다본다.

그러나 그는 아랑곳없다.

그는 내 이 시작품을 받아 쥐고는 적이 기분이 좋았다.

16.

다시 2, 3일 후 우리들(아동문학가) 몇이 단골인 탁배기집에 모였을 때였다.

"여기들 있는 줄 알았지."

문 밖에서 컬컬한 목소리가 들려왔다.

"누구야?"

하고 누가 물었다.

"누구긴 누구겠어. 윤의 목소리가 아니야?"

또 다른 누가 대꾸했다.

그때 방 안으로 쑥 들이미는 얼굴은 아닌 게 아니라 그였다.

그는 우리 일행을 보자 씩 웃었다. 적이 기분이 좋아 보였다.

"어서 들어오라구!"

"자리에 끼어 앉지 그래요?"

한 마디씩 했다.

그는 들어와 함께 어울렸다.

"찾아다녔다구!"

그가 말했다.

"여기 있을 줄 알았다면서?"

"그래도 행여나 해서 이리 오는 길에 두세 집 둘러 봤지."

"없던가요?"

"여기들 앉아 계시는데 딴 곳에 있겠소?"

"우리가 단골인 탁배기집을 놔두고 어딜 가겠소?"

"하긴 그래요, 핫하! ……"

"찾아다녔다면서 무슨 일이오? 이거 생각이 나서?"

하고 누가 탁배기 잔을 가리킨다.

"그것두 있구……. 하지만 오늘은 이것만은 아니야."

"그럼 뭔데?"

"목 말러. 우선 한 잔 들구."

"그래요, 어서 한 잔 드시오."

하고 내가 말했다.

탁배기 그릇에 희멀끔한 탁주가 한그득 따라졌다.

그는 그것을 들고 굶주렸던 사람처럼 벌컥벌컥 마셨다.

"박 형한테 볼 일 있다면서 무슨 일이오?"

흥미가 당긴다는 듯 누가 물었다.

그는 싱글싱글 웃으면서

"박 형은 알 거야, 이거 말이야!"

하고 무슨 두터운 종이를 두루말아 쥔 것을 내보인다.

나는 아까부터, 곧 그가 들어올 때부터 그가 손에 쥐고 있는 그 두루마리에 관심을 쏟고 있었다. 그것은 오선지임에 틀림없었다.

그가 작곡한 작품을 가지고 온 것이다.

"이걸 보여 줄려구 찾았단 말이오."

그가 말했다.

"그게 뭔데?"

"어서 펴 보이소."

하고 다른 사람들이 말했다.

"앙콜 잔이 있어야 해."

하고 그는 탁배기를 내밀었다.

탁주가 다시 가득 부어졌다.

그는 탁주를 조금은 턱 밑으로 흘리면서 기분좋게 마셨다.

"탁주 맛은 윤 형에겐 못 당해 낼 거야, 아무도……."

"이제는 손에 움켜쥐고 있는 게 뭔지 보여 주쇼!"

"작곡가가 가지고 다니는 것이 뭐겠소? 자, 이거요!"

그는 두루말아 쥐었던 오선지를 펼쳤다.

모두의 시선이 그것에 쏠렸다.

그가 작곡한 악보의 초고였다. 오선지에다 연필로 음부$_{音符}$들이 거칠게 그려져 있었다.

"이거, 작곡한 거 아니오?"

하고 누가 말했다.

"누가 아니라 했소?"

"윤 형이 작곡한 거요?"

"그렇소."

"가곡인데…… 작사는 누구 것이오?"

"누굴 것 같소?"

"박 시인인가?"

"맞았소. 자, 박 형, 한번 봐 주소."

그는 내게 악보를 내밀었다. 나는 그것을 받아 쥐었다. 좀 더 찬찬히 들여다볼 수 있었다.

엊그제 준 〈옛생각〉에다 곡을 붙인 것이었다. 반주부도 대충이나마 작곡되어 있었다.

그런데 그가 작곡한 악보에는 곡명이 〈보리밭〉으로 씌어 있었다. 그가 잘못 써 넣었던지, 아니면 아마도 〈옛생각〉보다 〈보리밭〉이란 시제가 그에게는 더 마음에 들어서였는지 모른다.

나도 〈보리밭〉이 싫지가 않았다. 그대로 〈보리밭〉으로 따르기로 하고, 이에 대해 아무 말도 하지 않았다.

플랫 기호가 다섯 개나 있는 라 플랫장조였는데 4분의 4박

자였다. 내가 좋아하는 음계였다. 라 장조보다는 반음 낮은 이음계가 이상한 매력을 지니고 있었다.

'내가 이 음계를 좋아한다는 말을 한 적이 없었는데……'

그가 이 음계를 잡은 것이 내게는 이상하게만 여겨졌다.

멜로디도 마음에 들었다.

나는 그 악보를 펼쳐 들고 우선 눈으로 읽어 보고 있었다.

그러자 그는 조바심이 났는지

"박 형, 작곡이 어때요? 쓸 만하겠소?"

하고 말했다.

그 때 내 말을 앞질러서, 누가

"우리야, 콩나물국은 잘 먹지만 콩나물을 그린 것은 영 뭔지 알 수가 있어야지!"

하고 말해서 한바탕 웃음보가 터졌다.

"자, 작곡하신 윤 형이 한번 불러 보시구려!"

하고 또 다른 사람이 말했다.

"내 음성은 꼭 뚝배기 깨지는 소리 같아서……."

하고 그가 피식 웃는다.

"하지만 노래를 들어야 작곡이 잘 됐는지 못 됐는지 알 수 있잖소."

"이 자리에서 입선이 돼야 그 노래가 불려질 거야."

하고 누가 또 우스개 말을 해서 한바탕 다시 웃어댔다.

그 때 내가

"내가 한번 불러 보지요."
하고 말했다.

모두 눈이 휘둥그레졌다.

"박 형, 거 콩나물 대가리를 볼 줄 알어?"

"두 눈이 시퍼렇게 뜨여 있는데 안 보일 리 있어?"

"아아니, 그걸 보구 노래 부를 줄 아느냐, 이거요."

"이 곡은 부를 수 있을 것 같은데……. 한번 불러 보면 알지요."

"그럼, 불러 봐요!"
하고 모두 박수를 쳤다.

"정말 박 형이 부를 거요?"
하고 그가 말했다.

"응, 먼저 작사자가 불러보구, 그 다음엔 작곡자 차례요."

"좋았어. 자, 불러요!"
하고 좌중의 모두가 박수로 재촉했다.

"자리가 비좁으니까, 그냥 앉은 대로 부르지요. 자, 조용!"

좌중이 조용해졌다.

나는 곧장 가사를 붙여 노래를 불렀다.

그가 작곡한 노래를 사실 나는 처음 불러보는 셈이었다. 〈옛생각〉, 아니 〈보리밭〉의 악보를 가지고 나 자신이 처음 불러 본 것이다.

첫 소절은 제3음에서 조용히 그리고 느리게 시작되었다.

허나 멜로디가 흐를수록 음정이 높아지면서 감정이 격흥되었다. '돌아보면 아무도……'에서 마음이 애끓는 듯 고조되었다가 '저녁놀 빈 하늘만 눈에 차누나'에 이르러서는 음정이 다시 누그러지며 애조를 띤 여운을 남기면서 그 멜로디는 조용히 끝나는 것이었다.

내가 노래를 마치자 박수가 터졌다. 음악당 못지않은 열렬한 박수였다.

박수가 그치자 그는,

"박 형 음악 실력이 보통이 아니야. 새삼 느꼈어! 초견으로 가사를 붙여 노래를 부른다는 건 보통 실력 가지곤 안 되거든."

하고 만면에 웃음을 띠고 나를 바라본다.

"박시인은 교회 성가대에 서니까 노래 실력이 예사롭지 않다는 건 알고 있었소!"

하고 누가 말했다.

"칭찬은 그만 하구요. 자, 윤 형 차례요."

악보를 그에게 넘겨주었다.

그도 〈보리밭〉을 불렀다. 두 번 세 번 불렀다.

나는 알토 음을 만들어 그를 따라 함께 불렀다. 몇 번을 더 불렀는지 모른다. 목청이 아프도록 불렀다.

마치 우리는 굉장한 축제 분위기에 싸여 있는 듯한 기분이었다.

그날 탁배기집의 모임은 신곡新曲 자축의 자리가 되고 말았다.

"박 형의 시도 서정이 뚝뚝 흘러 좋은데, 윤 형의 작곡을 붙이니까 더 좋아 뵈네! 금상첨화야!"
하고 누가 말했다.

이 말을 듣고 그는 히죽 웃으면서 뒤통수를 벅벅 긁었다.

그가 뒤통수를 긁을 때는 두 경우에 해당된다. 무척 기분이 좋을 때와 또 미안쩍어할 때다.

그날 밤 그는 기분이 더없이 좋았다. 탁배기 잔을 한없이 들었다. 나도 오랜만에 가져보는 흐뭇한 마음이었다.

창조란 이렇듯 기쁨이 솟구치는 것인가!

그후 나는 그에게 〈도라지꽃〉 등 가곡이 될 수 있는 서정시 몇 편을 더 써 주었다.

그러나 그 시들이 작곡되었는지 어쨌는지 알 수가 없었다.

다만 〈도라지꽃〉은 작곡이 되었다면서 그 초고를 내게 보여준 적이 있었다.

그의 마음속에 활짝 피어나려던 예술의 꽃이 또 뭔가에 부딪혀 시들려 하는 것을 나는 느낄 수가 있었다.

그가 제 지닌 예술성을 활짝 펼 수 없는 장애가 되는 것이 대체 무엇이란 말인가?

어느 날, 그와의 대화 중 〈보리밭〉에 관한 이야기가 나오게 되었다.

내가 은근히 유도한 것이다. 그에게 가곡 창작의 의욕을 북돋워주기 위해서였다.

"윤 형, 〈보리밭〉은 말야, 좋은 노래라고 생각해. 언제인가는 많이 불려질 거야."

"그렇게 생각해 주니 고맙소."

"고마운 건 나요. 내 시에다 그렇듯 아름다운 곡을 붙여줬으니 말이오."

"박 형은 내 가곡을 좋게 평가해 주지만……."

"아니, 윤 형의 가곡을 마다하는 사람이 있어요?"

"질투랄까 시기랄까……, 난 그렇게 여기고 싶은데……. 우리 음악인 동료들 중에는 〈보리밭〉도 별로 신통한 걸루 안 여긴단 말이오."

"음악인들 비위에 안 맞아도 그것 때문에 낙심할 건 못 되오. 앞으로 많은 대중이 그 노래를 부르게 될 테니까 두고 보시오. 윤 형의 그 멜로디 속에는 우리 한민족의 애수 같은 것이 깃들어 있어요. 그 정감이 반드시 모든 사람의 공감을 불러일으킬 거요."

"그걸 악단에서 알아줘야 하는데……. 지금 전시인데도 외국 작곡가의 작품은 연주되지요. 한데 우리 작곡가의 작품은 좀처럼 연주 발표할 기회를 주지 않아요. 언필칭 민족음악, 민족음악 하지만 그게 구호만으로 되는 거요? 우리나라 작곡가의 작품을 우리 악단에서 발표도 해주고 또 작곡가들의 밥

벌이도 더 주어야 하는 거예요!"

그의 음성은 사뭇 열기를 띠기 시작했다.

"앞으로 그렇게 되겠지요. 아무튼 작곡가는 작곡을 꾸준히 계속해야 하지요."

"그것도 의욕이 생겨야 되는 건데……. 아, 숨통이 막힐 지경이라니까……."

"윤 형, 〈보리밭〉의 저렇듯 아름다운 가락은 어떻게 잡아냈지요?"

나는 말머리를 돌려 이렇게 물었다.

그의 입에서 현現 악단을 비난하는 말이 쏟아져 나오는 것이, 그렇게 바람직한 것이 못 되었기 때문이었다.

그도 스스로 흥분을 잦히는 듯싶었다.

내 묻는 말로 대화를 돌렸다.

"응, 박 형의 시를 받아 쥐고서 읽어보니까 내게도 옛생각이 떠올랐어. 내가 어렸을 시절의 옛생각 말이오. 그 옛생각에서 〈보리밭〉의 멜로디가 술술 풀려나오더군. 실상 어렵잖게 작곡한 셈이야."

"내가 생각했던 대로군요. 나도 윤 형이 내 시를 읽으면서 그리운 옛시절을 생각하면서 작곡할 거라 상상해 봤거든요. 그러니까 창작의 동기는 반드시 현실적이고 실리적인 것만은 아니라고 봐요."

"그렇지. 창작은 순수한 거요. 그러니까 창작의 동기도 순수해야지요. 나도 그건 알구 있어요. 이 곡을 지으면서 나도 꿈많던 어린 시절로 돌아갈 수 있었으니까. 내 어렸을 시절의 꿈도 바로 보리밭이었소. 보리밭처럼 한껏 푸르고 싱그러웠단 말이오. 어디서 고운 노래가 들려와 내 영혼을 일깨우고 말이오."

"하, 그러했군요!"

"박 형, 내가 어렸을 때 내 꿈이 뭐였는지 아시오?"

"음악가가 되겠다는 것이 아니었소?"

"아니요, 나는 처음에는 음악가가 되겠다는 생각을 조금만치도 해본 일이 없었소."

"그랬어요?"

"지금 생각해 보면 이상한 일이지. 음악가가 되려는 꿈도 꾸지 않은 내가 결국 음악가가 됐으니 말이오. 삼등 작곡가지만 음악가는 음악가 아니오?"

"윤 형, 그런 말은 마시오. 스스로 자신을 비하시키는 말 말이오. 윤 형은 어엿한 중견 작곡가요."

"고맙소. 그럼 그 말은 취소하고……, 아무튼 내가 어렸을 때 나의 꿈은……."

"뭐가 되겠다는 거였소?"

"천주교의 수사修士가 되겠다는 거였죠. 왜냐하면 우리 집안은 4대째 천주교 신도였고, 내 외조부님이 내게 '요셉'이란 성명聖名을 지어 주셨으니까 말이오. '너는 장차 예수의 아버지이신 목수 요셉과 같이 되기 위해서 수사가 되어야 한다'는 말을 어려서부터 들어왔지요. 그러니까, 나의 장차의 희망은 수사가 되는 것일 수밖에 없었지요."

그는 그의 어린 시절의 이야기를 다음같이 내게 들려주었다.

그의 양친은 어린 요셉을 꼭 수사로 키워야겠다고 결심했다.

그래서 비가 내리나 눈이 오나 하루도 빠지지 않고 성당에 열심히 데리고 다녔다.

이렇게 하는 동안 그에게 음악에 대한 소질이 엿보이게 되어 어렸을 때부터 성가를 잘 불렀다. 부활절이나 성탄절 같은 교회 명절에는 독창 순서에 뽑히기도 했다.

성당에 가면 혼자 몰래 풍금의 건반을 눌러 보기도 했다.

그렇게 해서 음악이란 신비스런 세계 속으로 저도 모르게 발걸음을 옮겨 놓게 되었다.

그가 12세 때 그의 제2의 고향인 평안북도 의주군의 비현批峴이란 곳을 떠나 만주땅의 봉천(오늘의 심양瀋陽)에서 살게 되었다. 그때 봉천의 사탑四塔 보통학교 6학년에 편입되었는데, 당시 사탑은 한인 동포들이 많이 모여 사는 고장이었지만 낯선 이역 땅에서 살면서 학교에 다니자니까 눈물겨운 적이 많았다.

그때 그에게는 음악시간이 그렇게도 좋았다. 음악 시간에 배우는 노래며 부르는 노래들이 그에게는 더없이 마음의 위로가 되었던 것이다.

그는 어느 학과보다도 일주일에 두 번씩 배우는 음악시간을 손꼽아가며 기다렸다. 그리고 그 학교의 합창단에도 뽑혔다. 학예회 때는 독창도 했고 합창도 함께 어울려 노래 불렀다.

봉천에는 십문방리+間房理에 오직 하나밖에 없는 외국인 천주교당이 있었는데 그는 성당에 나가면서 이내 성가대 대원이 되었다.

성가대는 악보를 읽을 수 있어야만 대원이 될 수 있었기 때문에 소년인 그였고 또 한인이었지만 그는 성가대원으로 발탁될 수 있었다. 프랑스 영사 부인이 파이프오르간을 치면서 성가를 가르쳤다.

이때가 그에게는 음악적 소질을 한껏 많이 펼 수 있었던 시기이기도 했다.

"그때 불란서 신부 한 분이 말이야, 나를 음악 신부로 키우려 했었지요."
하고 그는 그때를 회상하는 듯 공간의 어느 한 점을 응시하면서 가만히 말했다.

"음악 신부요?"
하고 내가 물었다.

"음, 가톨릭에는 음악 신부가 있어요. 성가대를 관리하는 신부지요."

"아, 윤 형을 그 음악 신부로 만들려고 했군요."

"그 불란서인 신부가 마침 동양을 순찰중이던 법황 사절에게 그 뜻을 밝혔지요."

"그랬었군요. 그런데 왜 안 됐지요?"

"그러기 위해선 일본 나가사키에 가서 1년간 라틴어와 불어를 배운 후 파리에 가서 신학교에 다녀야 하는데……."

"아주 좋은 기회가 아니었어요?"

"좋은 기회였지요. 헌데 놓치고 말았지요."

"그건 어째서요?"

"내 양친께서 반대를 했지요. 나를 왜놈 땅에 혼자 보낼 수 없다구 말이지요."

"그렇게 됐군요."

"결국 음악 신부도 못 되구, 그렇다구 수사가 된 것도 아니구……."

"음악가가 됐다 이 말이죠?"

"속된 음악가란 칭호를 받게 됐지. 이것이 영광스러운 일인지 어떤지는 알 수 없지만 말요……."

"장차 윤 형의 이름이 영광스러울 날이 꼭 있을 거요."

나는 그를 위로해 주려는 듯 이런 말로 대꾸했다.

그는 아무 말 없이 쓸쓸히 웃었다.

17.

그는 〈보리밭〉을 매우 대견스럽게 여기는 듯싶었다.
며칠 후, 그를 다시 만났을 때, 그는 이 악보를 곱게 정서해서 들고 다니는 것을 볼 수 있었다.
그의 작곡 초고를 보면, 베토벤만큼이나 난서였다. 음부도 크게 그리는 데다 마구 빨리 갈겨 써넣기 때문에 음부가 선상에 걸쳐 있는지 선간線間에 끼어 있는지 알아보기 어려울 정도였다.
그런 것을, 그가 제 작곡 악보를 또박또박 정서했다는 것은 그답지 않은 일이었다. 이를 봐서 이 작품에는 그가 얼마나 정성을 기울였는가를 짐작할 수가 있었다.
그는 그 악보를 내게 보이면서,
"박 형에게도 한 벌 베껴서 드려야겠는데……."
했다. 반주부까지도 완성되어 있는 악보였기 때문에 나도 한 벌 얻었으면 했다. 그런데 나는 얻지 못했다.
악보를 다시 베낀다는 것은 그로서는 좀처럼 있기 어려운 일이었다.
그러나 성악가 김노현은 그가 손수 베낀 〈보리밭〉의 악보 한 벌을 소유할 수가 있었다.
그가 이 〈보리밭〉의 악보를 둘둘 말아 가지고 다닌 것은, 내심인즉 그만의 단독 작곡 발표의 기회를 가질 수 있었으면, 하는 의욕 때문이었다.

　물론 이 곡뿐만 아니라 다른 가곡도 몇 편 있었고, 또 그가 6·25직후 강원도의 홍천이란 곳에 은신했을 때 작곡해 둔 〈개선凱旋〉이란 표제의 교향곡도 있었다. 이 곡은 강원도 두메산골에 숨어 살면서, 어서 국군이 수복 개선해 주길 바라는 마음에서 한 편의 교향곡을 탄생시킨 것이었다.

　이 곡도 햇빛을 보기를 바라는 마음이 간절했던 것이다.

　또한, 그는 개인 작곡발표회를 가질 수 있게 되면, 오페라 〈견우직녀〉의 일부를 연주형식으로 세상에 보여주고 싶다는 생각을 가지고 있었다.

　그런데 세상은 그에게 그렇게 후하게 대해 주지는 않았다.

　아무도 선뜻 후원자가 되어 주려 하지 않았다.

　음악 출판사나 개최해 줄 만한 단체를 찾아가면

　"이거 뭐 전란통에서야 어디……. 환도 후에나 생각해 봅시다."

라는 말로 거절의 뜻을 표하는 것이었다.

　그러나 그는 뜻을 굽히지 않고 행여나 해서 〈보리밭〉의 악보를 얼마 동안은 항상 가지고 다니다시피 했다.

　그는 술을 잔뜩 먹고 나서도 용케 이 악보를 챙겨들곤 했다. 이 악보를 잊어버리지 않은 것은 여간 다행한 일이 아니었다.

　그는 나를 만나자 한번은,

"박 형, 〈보리밭〉을 말야, 누구한테 불렸으면 좋겠소?"
하고 물어왔다. 작곡발표회의 장소와 날짜를 다 잡아놓은 듯이 말하는 것이었다.

"언제 작곡발표회를 가지게 됐소?"
하고 내가 물으니까 그는 싱긋 웃으면서,

"아니, 그런 것은 아니라도 말야, 미리 생각해 둬야 하잖겠소."
한다.

나는 그에게 실망을 주지 않기 위해서 독창자를 생각해 봤다.

그때, 내 머리에 얼른 떠오른 성악가가 김노현이었다.

김노현은 치과의사이면서도 의사노릇보다는 성악가로 지내는 것을 더 좋아하는 형편이었다. 성량이 풍부한 바리톤이었다. 그리고 나하고는 아주 가깝게 사귀어오는 터였다.

그래서
"바리톤 김노현 씨면 어떻겠소?"
하고 말했다.

"그분이라면 나도 맘에 들어요. 멋지게 불러 줄 수 있을 거요. 당장 김노현 씨를 만나 부탁해야지."

이리하여, 바리톤 김노현은 공중 앞에서 〈보리밭〉을 최초로 부를 사람이 되었다.

그것도 그 이듬해 가을, 전시 작곡가협회 주최로 이화여대의 가교사 강당에서 열린 신진 가곡발표회에 한 몫 끼여서였다. 개인 작곡발표회를 갖고 싶어한 그의 꿈은 좀처럼 이뤄지지가 않았다.

훗날 들은 얘기지만, 김노현이 〈보리밭〉을 부른 후, 그는 무대 뒤에서 그 악보에다 싸인을 하고, 그것을 독창자에게 주었다는 것이었다.

전란의 이듬해도 어느덧 저물어가고 있었다.

한 해가 다 지나 마지막 달에 이르면 다사다난했던 한 해였다는 생각을 저마다 가지게 마련이지만, 곤고한 날과 날을 겪어온 우리에게는 정녕 어떤 한 해였다는, 그 형용구를 찾아내기가 어려울 정도였다.

아무튼 그 해도 다 지나가고 있었다.

나는 크리스마스와 한 겨울 한 달 남짓을 경주에 거처를 잡은 누님의 집에서 지낼 생각으로 오늘 내일 경주로 떠나가야겠다고 벼르고 있었다.

그래서 그 전에, 그를 만나서 작별 인사라도 해야겠다고, 광복동의 '담담'에서 오랫동안 앉아 있었다.

몹시 쌀쌀한 날씨였다. 거리에 오가는 사람들은 모두 몸을 움츠리고 종종걸음으로 걸어다녔다.

나는 나가다니기도 싫고 해서, 다방 한 곳에서 죽치고 앉아 있었다.

얼마나 지났을까, 늦으막하게 그가 나타났다. 내가 먼저 그를 보고 손짓해서 불렀다. 그는 싱긋 웃으면서 내게 다가왔다.

헌데, 왠지 기운이 축 처져 있었다.

외투 대신 몸에 걸친 헙수룩한 군용 잠바가 더욱 힘에 겨워 보였다. 얼굴에 핏기도 없이, 큰 두 눈동자는 더 깊숙이 기어들어간 것처럼 보였다.

하긴, 그는 주기가 떨어지면 축 늘어진 맥빠진 사람처럼 보이기 일쑤였다. 하지만 이렇게 기운이 없어 보이는 것은 드문 일이었다.

나는 그의 맘속에 어떤 독기 같은 걱정거리가 도사리고 있다는 것을 느낄 수가 있었다.

"윤 형, 왜 그렇게 기운이 없으시오? 어서 앉으시오. 좀 있다 탁배기집에나 갑시다."

하고 내가 말했다.

그는 힘없이 풀썩 주저앉았다.

그러고는 뒤통수를 벅벅 긁으며

"박 형, 탁배기도 탁배기지만 말야, 이거 가진 거 좀 있소?" 하고, 엄지손가락과 집게손가락으로 동그라미를 만들어 보인다.

"탁주 값이야 있지요. 그건 염려 마시오."

하고 내가 말했다.

"그 돈 있으면 날 좀 주오. 탁주 값은 내가 외상지리다."
"돈을 어디 쓰려오?"
"그런 건 묻지 말구······. 내 마음이 심히 괴롭소."
"외상값에 졸린 것이 아니오?"
"그게 아니오, 그거라면 차라리 낫겠소."
"얼마가 필요한데? ······"
"지금 가지고 있는 대로 날 좀 꾸어 주시오."
"그러지오."

나는 주머니에 있는 돈을 다 털어서 그에게 넘겨주었다. 커피값만 남겨두면 되었다.

그는 그 돈을 받아 들자, 조금은 생기가 살아나는 듯싶었다.

"박 형, 내 잠깐 다녀오리다. 어디 가지 말구 여기 있으시오. 30분이면 넉넉하니까 말이오. 30분이야."

나는 그렇게 하기로 약속했다.

그는 부산히 밖으로 나갔다.

그가 나간 후, 나는 잠시 생각에 잠겨 있었다.

그가 왜 얼마간의 돈이라도 취해야만 하는 절박한 사정에 놓여 있는가를 생각해 보았다.

그가 술 생각이 나서 그러한 것은 아니었다. 돈을 받아 쥔 후, 잠깐 다녀오겠다는 그곳은, 그의 집이라는 것을 어렵잖게 추측할 수가 있었다.

그는 용두산 기슭의 판잣집 단칸방을 얻어 식구랑 함께 살고 있었다.

그에게 딸린 식구로는 아내와 두 살짜리 딸만이 아니고, 부친과 동생이 함께 몰려 살고 있었다.

그로서는 이 식구들의 끼니를 거르지 않고 대는 것조차도 십자가와 같은 고통이요 멍에였던 것이다.

나는 그가 식구들에게 시달리다가 얼마간의 생계비를 마련해 주려고 거리에 나온 것임을 생각할 수 있었다.

그가 어떻게 해서 집안 살림을 꾸려 나갔는지는 정말 신비스러운 일이었다. 그의 처신으로 보아 아내나 또 부친과 사이가 원만치 못했으리란 것은 상상할 수 있지만, 아무튼 그가 식구들 눈에는 형편없이 불행한 가장이었을 것이 틀림없었다.

그날 밤, 외상을 줄만한 탁주집에서 그와 마주 앉았을 때, 그는 뒤통수를 긁으며

"아까는 미안했소."

하고 씩 웃었다.

그는 가정 때문에 얼굴에 나타나보일 만큼 비탄에 젖어 있는 것은 좀처럼 볼 수 없었다. 어떻게 보면, 그는 체념이 몸에 배인 낙관주의자인 듯싶었다.

그는 아무렇지도 않다는 듯이

"아까는 말이오, 실은 집에다 돈을 좀 갖다 줘야 할 일이 생겼던 거요."

하고 말했다.
"그 돈 가지고는 어림없을 텐데……."
하고 나는 그의 눈치를 살폈다.
"우선은 됐어. 그 일은 잊어버리구, 박 형, 술이나 마십시다."
그는 울적한 기분을 달래는 듯 탁주를 마구 들이켰다. 그러고는
"박 형, 내가 결혼했다는 것을 알고 있지요?"
하고 말을 건넨다.
"아, 두 살짜리 딸이 있다고 자랑하지 않았소?"
"죄야, 내가 죄를 지은 거야."
"그건 또 무슨 말이오?"
"나 같은 놈은 결혼을 안 해야 하는 건데, 결혼두 하구 또 딸까지 낳았으니 죄를 진 것이 아니겠소?"
"하지만 윤 형이 지금의 아내와 결혼할 때에는 퍽이나 낭만적이었다는 이야기를 들었는데?"
"그때는 그랬었지. 그 사람은 막 여고를 졸업한 꿈 많은 소녀였지. 그래서 하찮은 나한테, 음악이라는 위장 때문에 거기 속아서 시집 온 거란 말이오."
"헌데 윤 형, 아직 총각인 내가 이런 말을 하면 우습게 들릴지 모르나, 가정에 좀 충실하려고 노력해 볼 수는 없어요?"
나의 이 말이 그에게는 자못 쓸쓸한 듯싶었다. 그는 쓴웃음을 웃었다. 그러고는

"나도 그렇게 해보려 하는데…… 그게 안 된단 말이오. 나는 생활 실격자요. 나는 결혼할 수가 없는 놈인데, 그만 죄를 범하고 말았단 말이오. 아내에게도 딸에게도 죄를 지었단 말이오. 박 형, 요즘 나는 베토벤을 자꾸만 생각하게 되지요."

그의 음성은 다소 열기를 띠고 있었지만 싸늘한 슬픔이 가득 고여 있었다.

나는 그가 하는 말을 가만히 듣고만 있었다.

"만약 베토벤이 테레제와 결혼했었다면 어떻게 되었을까? 행복할 수 있었을까? 원만한 애정생활을 이어나갈 수 있었을까? 그리구 말이오, 제9심포니 같은 불멸의 명곡을 과연 낳을 수 있었을까? 그런 것을 자꾸 생각하게 된단 말이오."

"헌데 윤 형, 육신의 생활이 불행하다는 것이 반드시 명작을 낳을 수 있는 요인이 되는 것은 아니잖소."

하고 내가 말했다. 그는 나의 이 말도 수긍은 가는 듯싶었다.

"하지만 베토벤이 결혼을 안 하고 일생을 마친 것은 역사적 사실 아니오. 결혼을 못했는지 모르지만……. 아무튼 그는 삶의 온갖 에너지를 작곡에만 쏟을 수 있었던 거요."

"베토벤의 경우는 그랬지만…… 또 그런 비참한 생활이 승화되어 오히려 찬란한 예술을 빚을 수 있었을지 모르지만, 베토벤과 반대되는 경우도 다른 예술가들에게서 찾아볼 수 있는 것도 사실이지요."

"행복한 육신 생활, 찬연한 예술의 영광, 이건 반비례되면 됐지, 정비례되긴 어려울 것 같소. 내 생각은 그러오. 내가 못나서 그런지……."

그는 쓸쓸히 웃었다.

"윤 형이 못난 것은 아니라고 생각되오. 우리가 사는 세대가 예술가들에게는 더없는 인고의 시대일 것만 같은 생각이 들어요. 이것을 초극해 나가야지요. 안 그래요, 윤 형?"

윤 형은 고개를 끄덕였다. 그러나, 그의 눈망울 속에는 다함없는 슬픔이 고여 있는 듯싶었다.

그는 자신의 결혼, 그리고 결혼생활을 회상하는 듯 잠시 묵묵히 앉아 있었다.

그가 24세 때, 열아홉의 꿈 많은 소녀였던 아내를 만났다. 만나자 서로 사랑의 불이 타기 시작했다. 그 사랑의 불길은 걷잡을 수 없을 만큼 빨리 타올랐다. 둘 중, 누가 더 적극적이었는지 모른다. 아마도 그때는 둘이 다 그랬을 것만 같았다. 결혼해서 아들 딸 낳고 키우며 행복하게 오래 살아갈 것을 굳게 다짐하게 되었다.

그러나 소녀의 부모는 둘의 결혼을 극력 반대했다.

소녀의 아버지는 보통학교 교장이던 교육자여서, 사리를 분석해 올바른 판단을 내릴 수 있었다.

그는 그때는 한낱 떠돌이 음악가, 직업도 없는 가난한 청년이라는 점이 반대의 이유였다. 그때도 술은 자주 마시는 편이어서, 이런 빈털터리 청년 음악가에게 교육자의 귀여운

막내딸을 맡길 수 없다는 것이었다.

그러나 그들의 사랑은 막무가내였다. 결합하지 않고서는 못 살 것만 같았다. 결국 사랑의 도피행각을 감행했다.

결혼식도 저들끼리, 결혼기념 사진도 단둘이서, 그리고 새 살림이란 보따리 한 개와 오선지 뭉텅이뿐이었다.

해방 직후, 용정龍井에서의 일이었다.

'아, 그때 내 사랑은 정말 멋진 것이었는데……. 둘이 도망가서 결혼한다는 건 정말 낭만적이었는데…….'

그는, 지금 마음속으로 그렇게 혼잣말을 중얼거리고 있을 것만 같았다.

헌데, 행복의 여신은 그들에게 미소를 던져 주지 않았다.

결혼한 지 1년도 못 채운 이듬해 여름, 그는 홀연히 남쪽으로 향했다.

아무도 반겨줄 사람이 없는 서울 땅을 밟은 것이다.

"나는 내 아내를 행복하게 해주고 싶었어. 그런데 그게 안 된단 말이야. 그러니 날더러 어떡하란 말이야. 내 아내는 정말 예쁘게 생겼어. 막내딸로 고생 모르고 귀엽게 자랐단 말이야. 그런 여자를 내가 데려다가 모진 고생을 시키는 거야. 결혼을 해서는 안 되는 무능력자가, 남의 집 귀한 딸을 훔쳐 내듯 아내로 데려왔으니 천부님에게 죄를 짓고, 또 아내에게 죄를 진 것이 아니고 뭐야, 박 형! 흐윽……."

그의 목소리는 울먹이고 있었다.

그리고 이 비통함을 마비시키려는 듯 얼굴을 탁배기 속에 파묻고 있었다.

겨울밤은 깊어만 갔다.

겨울밤의 차가운 검은 바람이 우리들 마음속에 소리없이 휘몰아치고 있었다.

18.

겨울은 또한 겨울잠[冬眠]의 계절이라고도 한다. 벌레들은 가사상태假死狀態로 겨울의 일정한 기간을 지내고, 개구리나 뱀같은 것은 땅굴 속에서 겨울잠을 잔다. 곰 같은 덩치가 큰 짐승도 한겨울 동안 겨울잠이라는 완전한 휴식을 취한다.

그런데 그 해 겨울, 우리들 역시 동면 아닌 겨울잠을 자야만 했다. 아니, 겨울잠의 상태로 한겨울을 지내야만 한다. 먹고 마시고 자는 것을 빼놓는다면 사실상 겨울잠이나 마찬가지였다.

155마일에 걸친 전선에서도 전쟁은 교착상태에 달라붙은 듯싶었다. 피차간 큰 공방전이 있었다는 전투소식은 전처럼 들려오지 않았다.

그렇다고 전쟁이 그친 것도 아니었다.

서울은 여전히 전략지역 안에 들어 있어 일반시민으로서

는 아무도 들어갈 수가 없었다. 한강교에서 차단되어 있는 것이었다.

언제 환도할 수 있는가, 이것은 아무도 예측할 수도 없었고 일정을 짚어가며 기다릴 수도 없었다. 그저 막연히

'봄이 돌아오면 어떻게 되겠지……'

하고 가느다란 소망의 실 끝을 붙잡고 있을 뿐이었다.

계절은 정직하다. 입춘이 지나고 우수 경칩이 지나자, 부산 항도에도 봄의 기운이 화창하게 감돌았다.

바다는 봄바다답게 녹색 바닷빛을 한껏 번뜩이면서 출렁였다. 하얀 물새도 날아들고, 범선이며 증기선이며 선박들은 어디론지 출항하기 위해 부산히 움직이고 있었다.

그러나 우리들의 봄은 여전히 먼 곳에 있는 것만 같았다.

봄이 왔다고 해서 뭐 신통하게 일이 벌어지는 것도 아니고, 그저 울적한 나날의 연명延命이 있을 뿐이었다. 그런데도 부산의 항가港街는 봄의 기운 탓인지 제법 활기를 띠고 법석였다. 국제시장은 더욱더 사람들이 들끓어 붐벼댔고 암시장은 재미를 톡톡히 보는 성싶었다.

그런데다 소주에다 탁주를 들이켜니까, 우리들의 뱃가죽도 이제는 신물이 났는지 버텨나갈 수가 없었는지 자주 고장을 일으키기 시작했다.

하긴 지난 일 년, 피난살이의 생활에서 용케도 건강을 유지해온 셈이었다.

나는 이어 겨울 한두 달을 거의 경주서 지냈다. 그러다가 날씨가 풀리면서 다시 부산바닥에 나타난 셈이었다.

부산을 뜨지 못하고, 이 겨울 동안 꼬박 부산에서 지낸 친구들이 궁금해서였다.

우선, 임인수를 만나니까 그는 얼굴이 부석부석 부어 있었다. 점심을 노상 싸구려 찐빵을 사먹었기 때문에 그렇게 되었다고 그는 말했다.

그렇다고 저녁밥을 잘 먹는 것도 아니었다. 국제시장 골목의 포장 밥집에서 싸구려 밥을 사먹었다 한다. 잠은 초량의 판잣집(내가 지어놓은)에서 잤다 한다. 김영일 선배의 모습도 그렇게 환한 편은 아니었다.

부산에 되돌아온 나도 이내 그들과 똑같은 형편에 휩쓸려 들어가고 말았다.

가끔, 술은 그래도 직장을 가지고 있는 김차영 시인(동양통신 기자)이 사곤 했다. 수입은 꿈에 떡맛보듯 조금씩 들어오는 원고료였다. 경향신문의 문화부장으로 있던 소설가 김광주 선배님에게 신세를 지는 일이 많았다.

그리고 《새벗》이랑, 막 창간을 본 《학원》지가 우리 아동문학가들의 수입원이었다. 그 밖에 일간지도 있었지만 원고 게재의 기회를 차지하기란 그리 쉬운 일이 아니었다.

우리 한민족에는 오랜 옛적부터 보릿고개란 춘궁이가 있다던가. 그런 춘궁기가 여전히 답습해 오는 것인가. 그 해 봄을 지나는 동안, 우리들의 일상은 인고한 고달픔 속에서 조금도 벗어나지 못하고 있었다.

나는 경주에서 부산으로 돌아오자 이내 윤 형의 근황을 물었다.

그는 광복동에 자주 나오는 편이 아니다는 말을 하기도 하고, 또 나타나면 무슨 음악회인가 발표회를 준비한답시고 오락가락 하다가 뜻대로 되지 않아서, 더욱더 탁주를 퍼마시고는 울적한 기분을 터뜨리기나 하는 듯 〈보리밭〉을 있는 목청 다해서 한바탕 부른다는 것이었다.

나는 그를 찾고 싶었고, 그와 술자리를 자주 함께 하고 싶었으나, 왠지 여의치가 않아 차일피일 미루기가 일쑤였다.

그런 어느 날 임 시인이 내게 말했다.

"박 형, 초량 가는 고갯길목에 닭국을 파는 포장집이 있는데 거기 가서 쏘주에 닭국 한 그릇씩 먹고 판잣집으로 돌아가세."

나는 귀가 솔깃했다.

"닭국이면 꽤 비쌀 텐데……."

"한데 그게 아니야, 아주 싸단 말이야."

닭고기국이면 훌륭한 식사다. 나는 동의했다. 그리고 임 시인과 함께 그 포장집이 있는 곳으로 갔다. 막벌이꾼인 듯 싶은 사람들이 제법 법석였다.

우리는 닭국에다 소주를 시켰다.

닭국에는 닭고기가 수북이 얹혀있고, 김이 모락모락 올랐다.

우리는 닭고기를 안주삼아 소주를 마셨다. 이내 주기가 화끈 돌았다.

그래서 나는 무심코,

"닭국이 왜 이렇게 싸지요?"

하고 포장술집 주인에게 물었다.

"싼 이유가 있지요."

"이유가 뭔데요?"

"그건 알아 뭘 합니까? 손님들 맛있게 잡수셔요. 괜찮습니다."

"그래도 이유를 못 말할 건 뭡니까?"

내가 다그쳤다.

"기분 나빠할 것 같아서요"

주인의 찝질한 대답이었다.

"기분 나빠할 것 뭐 있어요? 말해 보시요."

"이 닭고기는요, 미군부대에서 나온 거랍니다. 그러니까 싸지요."

"미군부대에서 나오다니요?"

"미군들이 먹기 위해 삶은 닭인데, 먹다 남은 것을 싸게 내다 팔거든요."

"먹다 남은 거라구요?"

"그렇다구 그릇에서 먹다 남은 걸 모은 것은 아니지요. 부엌에서 남은 거란 말입니다. 먹을 만해요."

나는 더 이상 무슨 말을 할 수가 없었다. 주문해 나온 소주를 다 따라 마시고는 그 닭고기를 뜨는 둥 마는 둥 포장술집을 나왔다.

포장술집 주인의 말을 듣고 나니까 기분이 매우 언짢았다.

임 시인은 여러 번 이곳에 찾아온 듯싶었으나 닭국의 내력은 모르고 있었던 것 같았다.

그는 멋쩍게 웃었다.

"하지만, 싸게 닭고기 국을 먹을 수 있으니까 괜찮잖아? 안 그래?"

했다.

나는 정색을 하고

"임 형, 다시는 거기 가지 마세. 아무리 우리가 고생한다기로, 그래 양키들이 먹다남은 찌꺼기를 우리가 먹어야 하나 말이야."

"박 형, 패전 후 독일 국민은 미군이 내다버린 깡통을 주워다 주린 배를 채웠어."

"글쎄, 그런 아사 직전이면 모르겠네만……. 아직 나는 그러고 싶지는 않으이!"

그 후, 다시는 그 포장술집에는 찾아가지 않았다. 아마 임 시인도 그랬을 것이다.

나는 그 때 윤 형을 생각했다.

'어쩌면 윤 형이었다면 그 포장술집을 뒤집어 엎었을지도 모른다. 그는 비록 가난의 밑바닥에서 허덕이고 있을지라도, 그런 모양으로 기름진 고기 따위를 입에 대려고는 결코 하지 않았을 것이니까 말이다.'

하고 나는 생각했다.

그런 며칠 후.

나는 갑자기 매우 심한 복통을 겪었다.

탁배기 집에 반 시간 가량 앉아 있었을까 했을 때였다. 별안간 배가 몹시 아파온 것이다.

'맹장염 수술자리가 다시 도졌을까?'

하는 생각도 들었다.

그러나 통증은 수술 자리에서가 아니라 위가 있는 쪽이었다.

'위가 상한 것이다. 위에 구멍이 뚫렸을지도 모르는 일이다.'

아픔을 견뎌낼 수가 없어 전에 투숙한 적이 있는 가까운 여관으로 찾아갔다. 마침 임 시인이 동석했기 때문에 나를 부축해 주었다.

하룻밤을 따뜻한 방에서 배를 덥히며 자고 나면 낫겠지. 그동안 줄곧 초량 판잣집에서 담요 두 장으로 — 한 장은 깔고 한 장은 덮고 해서 — 밤잠을 잤으니까, 다시 배에 탈이 날 법도 한 일이었다.

헌데, 밤새도록 아픔은 그치지 않고 계속됐다. 아픔이 주기적으로 엄습해 오기 때문에 잠을 잘 수도 없었다.

이래서는 안 되겠다. 어서 병원에 찾아가서 진찰을 받아 봐야지, 이 생각이 들었으나, 주머니에 돈이 없으니까 막막할 뿐이었다.

그때, 경찰병원 내과에 있는 유 박사가 떠올랐다. 나와 그와는 6·25 전부터 아는 사이였고, 부산에 와서도 몇 번 만난 적이 있었다.

경찰병원은 충무동 쪽 어디 있다는 말만 들었을 뿐 찾아가 본 적은 없었다.

마침 임 시인이 걱정이 되어 아침나절에 찾아왔다가 병원에까지 나를 부축해 주었다.

길을 물어가며 가는 길이라 그것도 수월찮았는데다 통증이 계속 괴롭혀 간신히 걸어 찾아갔다.

아무튼 경찰병원에 들어가자, 유 박사는 나를 보고 깜짝 놀란다. 내가 교통사고라도 당해 가지고 달려온 줄 아는 모양이었다.

나는 억지로 웃음을 지어 보이며, 손가락으로 배를 가리켰다. 유 박사는 그제야 짐작이 가는 모양이었다.

진찰을 두루 해보고 나더니.

"이런 위주머니를 가지고 어떻게 술을 마셨소?"
한다.

"위에 구멍이라도 뚫렸나요?"

"그 직전이야. 당장은 위장염 증세 같지만…….."
"죽을병이오?"
"죽지 않게 하기 위해서, 하나님이 박 형을 내게 보낸 것 같소."
"치료 좀 해주소."
"해야지. 마침 침대 하나가 빈 것이 있으니까, 이 병원에서 한 이틀 누워 있다 가시오. 주사도 맞고 약도 좀 먹어야겠소."
이리하여 나는 이박삼일 동안 유 박사의 신세를 지게 되었다.
무일푼의 나를 그가 손수 나서서 무료 환자로 수속을 밟아주었던 것이다.
하루 이틀이지만 팔자 없이 병원에서 빈둥빈둥 누워 지내는 신세가 되었다.
말이 병원이지 어느 학교의 협수룩한 교실을 빌려 임시로 병동을 차렸기 때문에 불편한 점이 한둘이 아니었다.
좁은 병실 안에 병상들이 다닥다닥 꽉 들어놓여 있었다.
회진하는 유 박사의 바쁜 모습을 가끔 볼 수가 있었다.
'내가 부산서 유 박사의 신세를 또 지게 되다니…….'
미안한 마음이 솟구쳐 병실을 뛰쳐나가고만 싶었다. 그런 마음을 유 박사가 알아차렸는지, 바쁜 중에서도 여러 번 찾아와 나와 이야기를 나누는 시간을 가졌다.
그날, 어스름 무렵에 윤 형이 내 병상에 찾아왔다. 뜻밖의 일이었다.

임 시인도 나를 병원에 데려다주고는 이내 돌아갔기 때문에 내가 병원에 누워 있다는 것을 아무도 모르리라 생각했었다.

'내가 안 보이면 경주에 간 줄 알겠지.'

그렇게 생각했던 것이다.

하루 이틀, 이 병실 안에서. 저 환자는 어떤 병을 앓고 있을까 그것을 궁금히 여기면서 따분하게 누워 있어야겠구나 생각했고, 그래서 이 침대 저 침대로 시선을 돌리면서

'저 사람은 무슨 병을 앓아 누워 있을까? 다시 나을 수 있는 병일까, 아니면 죽어가는 병일까?'

그런, 결코 명랑하지 못한 생각을 혼자 골똘히 하고 있을 때 느닷없이 그가 내 병상의 머리맡에 불쑥 나타난 것이었다.

"아 윤 형! 내가 여기 있는 줄은 어떻게 알구서? ……"

나는 이 말밖에 못했다.

"다 아는 수가 있지. 천부님이 박 형에게 금주령을 내렸군 그래. 며칠은 술을 먹지 말라는 거 아냐?"

하고, 그는 씩 웃었다.

"그런가 봐요. 헌데……. 요 며칠 윤 형을 못 봤다고들 하던데요?"

"그런 일이 있었지요. 내가 광복동에 안 나타났으니까."

"그건 왜요?"

"결별 때문이오. 순결한 이별이라고나 할까. 헌데 내게는 이별이란 말이 사치스러운 감이 들어……."

"대체 무슨 얘긴데요?"

"그녀와 아주 헤어졌어. 아니 다시 만나는 일을 싹 그만두기로 했어."

그제야 나는 짐작할 수가 있었다.

"오늘, 조금 전에 송도 바닷가에 갔더랬어."

"봄바다는 아직 차지요?"

"차다는 느낌이 들더군. 그것보다 우리들의 호흡이 더 차갑다는 생각이 들더군. 왠지 따스한 숨결을 나눌 수가 없었소. 그녀는 말이오, 수녀가 되어야겠다는 생각을 이제는 완전히 굳혀 놓은 것 같애. 환도 전에 수속을 밟을 작정이라더군."

"아 그래요? 쓸쓸한 얘기군요."

"쓸쓸한 얘기야. 그래서 조용한 이별을 끝내고 광복동 거리로 달려왔지. 박 형을 만나면 탁배기에다 이별의 눈물이라도 담아보고 싶어서지."

"그런데, 내가 여기 있다는 건?"

"임 시인이, 박 형이 아마 여기 있을 거라더군. 위장이 크게 탈이 나서 쓰러졌다고 하면서 말이오."

"그렇게까지 된 것은 아니지만 아무래도 심상치가 않아서, 이 병원의 내과의사인 유 박사를 찾아 봤지요. 그랬더니 이곳에다 가두어두는 거예요."

"갇히길 잘했소. 육체가 건강해야 훌륭한 예술작품도 키워낼 수 있으니까 말이오."

하고 그는 분명히 이런 말을 했다. 그의 입에서 이런 말이 나오다니 희한하기만 했다. 그때 나는

'그러는 윤 형은 어째서 제 육체를 그토록 학대하는 것일까?'

하고 불현듯 혼자서 이런 생각을 해봤던 것이다.

"자, 나는 가야지."

하고 그는 발길을 돌렸다.

그의 뒷모습이 어쩌면 슬픔의 그림자가 뭉쳐진 것처럼 보였다.

나는 가만히 두 눈을 감는다.

그리고 봄바다 모래톱에 여자와 함께 앉아있을 그의 모습을 상상해 본다.

봄바다 물결을 스쳐오는 바람은 차가웠다. 그는 손이 시려 팔짱을 찌르고, 아무렇게나 웅크리고 앉아 있을 것이었다.

그 옆자리에, 여자는 다소곳이 앉아 있다.

둘은 별로 말이 없다. 그렇다고 서로 손을 잡고 따스한 체온을 나누는 것도 아니었다. 하고 싶은 말은 있어도 차마 그 말을 꺼내지 못하는 것이었다.

이따금 눈을 들어, 저 멀리 수평선에 뭐가 떠가고 있는 것

이 없나 하고 조용히 바라볼 뿐이었다.

그렇게 얼마의 시간이 흘렀다.

외면상으로는 조용한 듯하면서도 내면으로는 저 바다처럼 파도치는 감정의 격동이 없을 수 없는, 그 얼마의 시간이 흘렀을 것이다.

그러다가 그는 결연히

"그럼, 나도 가봐야지요."

하고 여자에게 말을 꺼낸다.

여자는 아무 대꾸 없이 고개를 끄덕인다.

그리고는 일어서서 먼저 걷기 시작한다.

그녀는 지금 제 발걸음이 수녀원 쪽을 향해 걷고 있다고 생각해 보는 것이다.

그런데 그는 "나도 가봐야지요" 하고 내뱉은 말이 무엇을 뜻하는지 갈피를 못 잡는다.

그러나 그는 지금 그녀와 헤어져서 딴 길을 걸어야겠다는 그 생각을 뚜렷하게 가져보는 것이었다.

"난, 이리로 가겠소."

"안녕히 가셔요."

짤막한 대화가 나눠지고는 둘은 각각 제 길을 걸어가는 것이다.

그의 그녀와의 순결한 이별은 이렇게 이뤄졌으리라고, 나는 상상해 보는 것이다.

그의 뒷모습은 어느 새 병원 문가에서 사라진 지 오래였다.

멀리 가두의 온갖 소음이 꿈결처럼 들려왔다.

희미한 전등불 아래, 병들어 고달픈 내 육체는 신음도 없이 꿈틀거렸다.

그 후 나는 부산에 더 있지 못하고 경주로 돌아와 며칠 동안 있었다. 그러다가 부산에도 와 보고, 대구에도 가 보고 철새마냥 오락가락했다.

내게는 정양의 기회가 좀처럼 마련되어지지 않았다.

그 동안 그의 소식을 나는 별로 듣지 못했고 그래서 모르고 있었다.

그 해 가을, 나는 도강증渡江證을 얻을 수 있어 먼저 서울로 돌아왔고, 꼬박 1년이 지난 어느 날 덕수교회 아래 위치한 서울 중앙방송국(오늘의 원자력 연구원 자리), 또 그 바로 앞에 있는 하코방 선술집에서, 홀연히 그를 만나게 되었던 것이다.

연보

윤용하(1922~1965)

1922년	3월 16일 황해도 은율에서 독실한 가톨릭 신자 윤상근의 장남으로 출생. (가톨릭 세례명 요셉)
1925년(4세)	성당 성가대에서 음악을 배우기 시작.
1933년(12세)	만주 봉천으로 이주하여 보통학교 졸업.
1936년(15세)	성가대 지휘자로 활동하기 시작. 당시 봉천 방송국의 전속 관현악단 지휘자 가네코를 만나 음악전문이론을 교육받음.
1940년(19세)	만주작곡가협회 회원, 봉천 조선인합창단장, 신경新京 가톨릭 성가대 지휘자로 활동. 이후 간도 사범학교에서 음악을 강의.
1945년(24세)	광복 후 귀국.
1946년(25세)	월남. 당시 서울 방송국의 어린이 프로그램이었던 〈새 노래 시간〉에 가담, '방송 어린이 노래회'를 발족하면서 방송과 동요에 인연을 맺기 시작. 이 당시 시인이자 작사가인 박화목을 만나 인연을 맺음.
1950년(29세)	한국전쟁 발발 직후, 종군음악가로서 〈해병대의 노래〉 등의 군가와 〈사병의 꿈〉 등을 작곡하였고, 국민가요인 〈민족의 노래〉〈광복절의 노래〉 등을 발표. 또한 '대한 어린이 음악회'의 창단 및 박화목과 함께 대표작 〈보리밭〉 작곡.
1965년(44세)	7월 23일, 지병인 간경화증으로 사망하여 금곡성당 교회묘지에 안장.

윤용하 일대기

1981년	5월	25일	초판	1쇄	발행
2005년	12월	20일	2 판	1쇄	발행

지은이 　 박　 화　 목
펴낸이 　 윤　 형　 두
펴낸데 　 범　 우　 사

등　록　1966. 8. 3　제 406-2003-048호
413-756　경기도 파주시 교하읍 문발리 525-2
대　표　(031)955-6900~4/Fax (031)955-6905

* 책값은 뒤표지에 있습니다 　　　교정·편집/김영석 · 장웅진
* 파본은 교환해 드립니다.
ISBN 89-08-03332-7 04990　(홈페이지) http://www.bumwoosa.co.kr
　　　89-08-03202-9 (세트)　(E-mail) bumwoosa@chol.com

【각권 값 2,800원】

1 수필 피천득	25 이브의 천형 김남조	49 바다의 선물 A.린드버그/신상웅
2 무소유 법정	26 탈무드 M.토케이어/정진태	50 잠 못 이루는 밤을 위하여 C.힐티/홍경호
3 바다의 침묵(외) 베르코르/조규철·이정림	27 노자도덕경 노자/황병국	51 딸깍발이 이희승
4 살며 생각하며 미우라 아야코/진웅기	28 갈매기의 꿈 R.바크/김진욱	52 몽테뉴 수상록 M.몽테뉴/손석린
5 오, 고독이여 F.니체/최혁순	29 우정론 A.보나르/이정림	53 박재삼 시집 박재삼
6 어린 왕자 A.생 텍쥐페리/이정림	30 명상록 M.아우렐리우스/황문수	54 노인과 바다 E.헤밍웨이/김회진
7 톨스토이 인생론 L.톨스토이/박형규	31 젊은 여성을 위한 인생론 P.벅/김진욱	55 향연·뤼시스 플라톤/최현
8 이 조용한 시간에 김우종	32 B사감과 러브레터 현진건	56 젊은 시인에게 보내는 편지 R.릴케/홍경호
9 시지프의 신화 A.카뮈/이정림	33 조병화 시집 조병화	57 피천득 시집 피천득
10 목마른 계절 전혜린	34 느티의 일월 모윤숙	58 아버지의 뒷모습(외) 주자청(외)/허세욱(외)
11 젊은이여 인생을… A.모로아/방곤	35 로렌스의 성과 사랑 D.H.로렌스/이성호	59 현대의 신 N.쿠치키(편)/진철승
12 채근담 홍자성/최현	36 박인환 시집 박인환	60 별·마지막 수업 A.도데/정봉구
13 무진기행 김승옥	37 모래톱 이야기 김정한	61 인생의 선용 J.러보크/한영환
14 공자의 생애 최현 엮음	38 창문 김태길	62 브람스를 좋아하세요… F.사강/이정림
15 고독한 당신을 위하여 L.린저/곽복록	39 방랑 H.헤세/홍경호	63 이동주 시집 이동주
16 김소월 시집 김소월	40 손자병법 손무/황병국	64 고독한 산보자의 꿈 J.루소/염기용
17 장자 장자/허세욱	41 소설·알렉산드리아 이병주	65 파이돈 플라톤/최현
18 예언자 K.지브란/유제하	42 전락 A.카뮈/이정림	66 백장미의 수기 I.숄/홍경호
19 윤동주 시집 윤동주	43 사노라면 잊을 날이 윤형두	67 소년 시절 H.헤세/홍경호
20 명정 40년 변영로	44 김삿갓 시집 김병연/황병국	68 어떤 사람이기에 김동길
21 산사에 심은 뜻은 이청담	45 소크라테스의 변명(외) 플라톤/최현	69 가난한 밤의 산책 C.힐티/송영택
22 날개 이상	46 서정주 시집 서정주	70 근원수필 김용준
23 메밀꽃 필 무렵 이효석	47 사람은 무엇으로 사는가 L.톨스토이/김진욱	71 이방인 A.카뮈/이정림
24 애정은 기도처럼 이영도	48 불가능은 없다 R.슐러/박호순	72 롱펠로 시집 H.롱펠로/윤삼하

73 명사십리 한용운	122 쇼펜하우어 수상록 쇼펜하우어/최혁순	170 테렌티우스 희곡선 세네카/최 현
74 왼손잡이 여인 P.한트케/홍경호	123 유태인의 성공법 M.토케이어/진웅기	171 외투 · 코 고골리/김영국
75 시민의 반항 H.소로/황문수	124 레디메이드 인생 채만식	172 카르멘 메리메/김진욱
76 민중조선사 전석담	125 인물 삼국지 모리야 히로시/김승일	173 방법서설 데카르트/김진욱
77 동문서답 조지훈	126 한글 명심보감 장기근 옮김	174 페이터의 산문 페이터/이성호
78 프로타고라스 플라톤/최현	127 조선문화사서설 모리스 쿠랑/김수경	175 이해사회학의 카테고리 막스 베버/김진욱
79 표본실의 청개구리 염상섭	128 역옹패설 이제현/이상보	176 러셀의 수상록 러셀/이성규
80 문주반생기 양주동	129 문장강화 이태준	177 속악유희 최영년/황순구
81 신조선혁명론 박열/서석연	130 중용 · 대학 차주환	178 권리를 위한 투쟁 R 예링/심윤종
82 조선과 예술 야나기 무네요시/박재삼	131 조선미술사연구 윤희순	179 돌과의 문답 이규보/장덕순
83 중국혁명론 모택동(외)/박광종 엮음	132 옥중기 오스카 와일드/임헌영	180 성황당(외) 정비석
84 탈출기 최서해	133 유태인식 돈벌이 후지다 덴/지방훈	181 양쯔강(외) 펄 벅/김병걸
85 바보네 가게 박연구	134 가난한 날의 행복 김소운	182 봄의 수상(외) 조지 기싱/이창배
86 도왜실기 김구/엄항섭 엮음	135 세계의 기적 박광순	183 아미엘 일기 아미엘/민희식
87 슬픔이여 안녕 F.사강/이정림·방곤	136 이퇴계의 활인심방 정숙	184 예언자의 집에서 토마스 만/박환덕
88 공산당 선언 K.마르크스·F.엥겔스/서석연	137 카네기 처세술 데일 카네기/전민식	185 모자철학 가드너/이창배
89 조선문학사 이명선	138 요옹원아화기 김승일	186 짝 잃은 거위를 곡하노라 오상순
90 권태 이상	139 푸슈킨 산문 소설집 푸슈킨/김영국	187 무하선생 방랑기 김상용
91 내 마음속의 그들 한승헌	140 삼국지의 지혜 황의백	188 어느 시인의 고백 릴케/송영택
92 노동자감령 F.라살레/서석연	141 슬견설 이규보/장덕순	189 한국의 멋 윤태림
93 장씨 일가 유주현	142 보리 한흑구	190 자연과 인생 도쿠토미 로카/진웅기
94 백설부 김진섭	143 에머슨 수상록 에머슨/윤삼하	191 태양의 계절 이시하라 신타로/고평국
95 에코스파즘 A.토플러/김진욱	144 이사도라 덩컨의 무용에세이 I.덩컨/최혁순	192 애서광 이야기 구스타브 플로베르/이민정
96 가난한 농민에게 바란다 N.레닌/이정일	145 북학의 박제가/김승일	193 명심보감의 명구 191 이응백
97 고리키 단편선 M.고리키/김영국	146 두뇌혁명 T.R.블랙슬리/최현	194 아큐정전 루쉰/허세욱
98 러시아의 조선침략사 송정환	147 베이컨 수상록 베이컨/최혁순	195 촛불 신석정
99 기재기이 신광한/박헌순	148 동백꽃 김유정	196 인간제대 추식
100 홍경래전 이명선	149 하루 24시간 어떻게 살 것인가 A.베넷/이은순	197 고향산수 마해송
101 인간만사 새옹지마 리영희	150 평민한문학사 허경진	198 아랑의 정조 박종화
102 청춘을 불사르고 김일엽	151 정선아리랑 김병하·김연갑 공편	199 지사총 조선작
103 모범경작생(외) 박영준	152 독서요법 황의백 엮음	200 홍동백서 이어령
104 방망이 깎던 노인 윤오영	153 나는 왜 기독교인이 아닌가 B.러셀/이재황	201 유령의 집 최인호
105 찰스 램 수필선 C.램/양병석	154 조선사 연구(草) 신채호	202 목련초 오정희
106 구도자 고은	155 중국의 신화 장기근	203 친구 송영
107 표해록 장한철/정병욱	156 무병장생 건강법 배기성 엮음	204 쫓겨난 아담 유치환
108 월광곡 홍난파	157 조선위인전 신채호	205 카마수트라 바스야야나/송미영
109 무서록 이태준	158 정감록비결 편집부 엮음	206 한 가닥 공상 밀른/공덕룡
110 나생문(외) 아쿠타가와 류노스케/진웅기	159 유태인 상술 후지다 덴/진웅기	207 사랑의 샘가에서 우치무라 간조/최현
111 해변의 시 김동석	160 동물농장 조지 오웰/김회진	208 황무지 공원에서 유달영
112 발자크와 스탕달의 예술논쟁 김진욱	161 신록 예찬 이양하	209 산정무한 정비석
113 파한집 이인로/이상보	162 진도 아리랑 박병훈·김연갑	210 조선해학 어수록 장한종
114 역사소품 곽말약/김승일	163 책이 좋아 책하고 사네 윤형두	211 조선해학 파수록 부묵자
115 체스 · 아내의 불안 S.츠바이크/오영옥	164 속담에세이 박연구	212 용재총화 성현
116 복덕방 이태준	165 중국의 신화(후편) 장기근	213 남원의 향기 최승범
117 실천론(외) 모택동/김승일	166 중국인의 에로스 장기근	214 한국의 가을 박대인
118 순오지 홍만종/전규태	167 귀여운 여인(외) A.체호프/박형규	215 다듬이 소리 채만식
119 직업으로서의 학문 · 정치 M.베버/김진욱	168 아리스토파네스 희곡선 아리스토파네스/최현	216 부모 은중경 안춘근
120 요재지이 포송령/진기환	169 세네카 희곡선 테렌티우스/최 현	217 거룩한 본능 김규련
121 한설야 단편선 한설야		

www.bumwoosa.co.kr TEL 031)955-6900 범우사

일반교양도서
사르비아총서 A Salvia's Library of Bumwoo

인간 발육에 있어서는 필요한 영양을 적시에 공급해줘야, 정상발육이 가능합니다.
마찬가지로 심성발달에 있어서도 적시에 교양도서를 읽어야 하는 까닭이 여기에 있습니다.
때를 놓치면 독서 효과의 완전수용이 어렵게 됩니다. 청소년 시절에 정서 비타민섭취를
강조하는 까닭이 여기에 있습니다. 독서도 제때에 해야 합니다.
지성의 밑벽돌이 되는 교양도서에 나침반이 들어 있고, 지성의 방향을 제대로 가리키는
나침반 역할을 바르게 하는 사르비아총서가, 새로운 체제로 정리 개정된 일은 범우
출판정신의 개화만이 아닌 한국지성의 축복이랄 수 있습니다.
— 유경환(시인·한국간행물윤리위원회 위원)

101 인물·전기

101 백범일지 102 만해 한용운 103 도산 안창호 104 단재 신채호 일대기
105 프랭클린 자서전 106 마하트마 간디 107 안중근의사 자서전 108 이상재
평전 109 윤봉길의사 일대기 110 디즈레일리의 생애 111 윤관 장군과 북벌
근간 예정도서 ●마가렛 미드 자서전 ●잔다르크 ●쇼팽 ●J. S. 밀 자서전 ●이사
도라 덩컨 ●마리아 칼라스

201 한국고전·신소설

201 목민심서 202 춘향전·심청전 203 난중일기 204 호질·양반전·허생전(외)
205 혈의누·은세계·모란봉 206 토끼전·옹고집전(외) 207 사씨남정기·서포만
필 208 보한집 209 열하일기 210 금오신화·화왕계 211 귀의성 212 금수
회의록·공진회(외) 213 추월색·자유종·설중매 214 홍길동전·전우치전·임진록
215 구운몽 216 한국의 고전 명문선 217 흥부전·조웅전 218 북학의 219,
220 삼국유사(상,하) 221 인현왕후전
근간 예정도서 ●한중록 ●계축일기 ●치악산

301 한국문학(근·현대소설)

301 압록강은 흐른다 302 그래도 압록강은 흐른다 303 이야기 304 태평천하
305 탈출기·홍염(외) 306, 307 무영탑(상,하) 308 벙어리 삼룡이(외) 309 날개
·권태·종생기(외) 310 낙엽을 태우면서(외) 311 상록수 312 동백꽃·소낙비(외)
313 빈처 314 백치 아다다 315, 316 탁류(상,하) 317 이범선 작품선 318 수난이
대 319 감자·배따라기(외) 320 사랑손님과 어머니 321 메밀꽃 필무렵(외)
근간 예정도서 ●삼대(상,하) ●국경의 밤

진홍의 매력으로 강렬하게 눈길을 끄는 사르비아(Salvia).
그처럼 이 땅의 청소년과 청춘의 가슴을 불타게 했던 범우 사르비아문고

● 각권 값 6,000원 전국 서점에서 낱권 판매합니다

401 한국문학(시·수필)

401 효 402 김소월 시집 403 역사를 빛낸 한국의 여성 404 독서의 지식 405 윤동주 시집 406 한시가 있는 에세이 407 이육사의 시와 산문 408 님의 침묵 409 옛시가 있는 에세이 410 한국의 옛시조 411 시조에 깃든 우리 얼 412 한국고전 수필선 513 환경에세이-병든 바다 병든 지구
근간 예정도서 ● 이상화 시집 ● 김영랑 시집 ● 우리가 잃어가는 것들 ● 하늘 그린 수채화 ● 진달래와 흑인병사

501 동양문학

501 아큐정전 502, 503, 504 삼국지(상,중,하) 505 설국·천우학 506 법구경 입문 507 채근담 508, 509, 510 수호지(상,중,하)
근간 예정도서 ● 홍루몽

601 서양문학

601 인간의 대지·젊은이의 편지 602 기탄잘리 603 외투·코·초상화 604 맥베스·리어왕 605 로미오와 줄리엣(외) 606 어린왕자(외) 607 예언자·영가 608 서머셋 몸 단편선 609 토마스 만 단편선 610 이방인·전락 611 노인과 바다(외) 612 주홍글씨 613 포 단편선 614 명상록 615 잔잔한 가슴에 파문이 일 때(외) 616 싯다르타 617 킬리만자로의 눈(외) 618 별·마지막 수업(외) 619 젊은 시인에게 보내는 편지 620 니체의 고독한 방황 621 이상한 나라의 앨리스 622 헤세의 명언 623 인간의 역사 624 사람은 무엇으로 사는가 625 좁은 문 626 대지 627 야간비행(외) 628 여자의 일생 629 그리스 로마 신화 630 위대한 개츠비 631 젊은이의 변모 632 마지막 잎새 633 어떤 미소 634 수레바퀴 아래서 635 슬픔이여 안녕 636 마음의 파수꾼 637 모파상 단편선 638 데미안 639 독일인의 사랑 640 젊은 베르테르의 슬픔 641 늪텃집 처녀 642 갈매기의 꿈 643 폭풍의 언덕 644, 645 모모(상,하) 646 북경에서 온 편지 647 페이터의 산문 648 아름다워라 청춘이여

701 역사·철학·기타

701, 702 철학사상 이야기(상,하) 703 사랑의 기술 704 탈무드

범우사 www.bumwoosa.co.kr TEL 031)955-6900

온고지신(溫故知新)으로 21세기를!

범우고전선

시대를 초월해 인간성 구현의 모범으로 삼을 만한 책을 엄선

1 유토피아 토마스 모어/황문수
2 오이디푸스 王 소포클레스/황문수
3 명상록·행복론 M.아우렐리우스·L.세네카/황문수·최현
4 깡디드 볼떼르/염기용
5 군주론·전술론(외) 마키아벨리/이상두
6 사회계약론(외) J. 루소/이태일·최현
7 죽음에 이르는 병 키에르케고르/박환덕
8 천로역정 존 버니언/이현주
9 소크라테스 회상 크세노폰/최혁순
10 길가메시 서사시 N. K. 샌다즈/이현주
11 독일 국민에게 고함 J. G. 피히테/황문수
12 히페리온 F. 횔덜린/홍경호
13 수타니파타 김운학 옮김
14 쇼펜하우어 인생론 A. 쇼펜하우어/최현
15 톨스토이 참회록 L. N. 톨스토이/박형규
16 존 스튜어트 밀 자서전 J. S. 밀/배영원
17 비극의 탄생 F. W. 니체/곽복록
18-1 에 밀(상) J. J. 루소/정봉구
18-2 에 밀(하) J. J. 루소/정봉구
19 팡 세 B. 파스칼/최현·이정림
20-1 헤로도토스 歷史(상) 헤로도토스/박광순
20-2 헤로도토스 歷史(하) 헤로도토스/박광순
21 성 아우구스티누스 고백록 A.아우구스티누/김평옥
22 예술이란 무엇인가 L. N. 톨스토이/이철
23 나의 투쟁 A. 히틀러/서석연
24 論語 황병국 옮김
25 그리스·로마 희곡선 아리스토파네스(외)/최현
26 갈리아 戰記 G. J. 카이사르/박광순
27 善의 연구 니시다 기타로/서석연
28 육도·삼략 하재철 옮김

29 국부론(상) A. 스미스/최호진·정해동
30 국부론(하) A. 스미스/최호진·정해동
31 펠로폰네소스 전쟁사(상) 투키디데스/박광순
32 펠로폰네소스 전쟁사(하) 투키디데스/박광순
33 孟子 차주환 옮김
34 아방강역고 정약용/이민수
35 서구의 몰락 ① 슈펭글러/박광순
36 서구의 몰락 ② 슈펭글러/박광순
37 서구의 몰락 ③ 슈펭글러/박광순
38 명심보감 장기근
39 월든 H. D. 소로/양병석
40 한서열전 반고/홍대표
41 참다운 사랑의 기술과 허튼 사랑의 질책 안드레아스/김영락
42 종합 탈무드 마빈 토케이어(외)/전풍자
43 백운화상어록 백운화상/석찬선사
44 조선복식고 이여성
45 불조직지심체요절 백운선사/박문열
46 마가렛 미드 자서전 M.미드/최혁순·최인옥
47 조선사회경제사 백남운/박광순
48 고전을 보고 세상을 읽는다 모리야 히로시/김승일
49 한국통사 박은식/김승일
50 콜럼버스 항해록 라스 카사스 신부 엮음/박광순
51 삼민주의 쑨원/김승일(외) 옮김
52-1 나의 생애(상) L. 트로츠키/박광순
52-2 나의 생애(하) L. 트로츠키/박광순
53 북한산 역사지리 김윤우
54-1 몽계필담(상) 심괄/최병규
54-1 몽계필담(하) 심괄/최병규

▶ 계속 펴냅니다

범우사 서울시 마포구 구수동 21-1호 TEL 717-2121, FAX 717-0429
http://www.bumwoosa.co.kr (E-mail) bumwoosa@chollian.net